Métro Saint-Michel

MÉTHODE DE FRANÇAIS

1

ANNIE MONNERIE-GOARIN

SYLVIE SCHMITT

STÉPHANIE SAINTENOY

BÉATRICE SZARVAS

CLE
INTERNATIONAL

www.cle-inter.com

Introduction

Cette méthode, construite à partir de situations et de documents, s'adresse à un public de grands adolescents et d'adultes : étudiants, professionnels ou touristes souhaitant venir en France pour y vivre, étudier, travailler, ou pour de simples raisons touristiques. Elle représente entre 120 et 140 heures d'enseignement/apprentissage du français.

▶ Délibérément culturelle, la méthode propose deux types de supports déclencheurs de communication :
– dialogues « tranches de vie » ;
– textes représentatifs d'écrits authentiques.

▶ Très exhaustive, elle permet de travailler les compétences de compréhension et de production orales (dialogues ou exercices) et écrites (questionnaires, articles de presse, extraits de guides touristiques, messages électroniques, annonces, cartons d'invitations, etc.). Elle offre également une exploration complète des domaines d'apprentissage, en s'attachant à la maîtrise des outils grammaticaux, lexicaux et phonétiques.

▶ Ceux-ci rendent possible la réalisation de tâches qui s'inscrivent dans une perspective actionnelle et situationnelle, concrétisant les actes de parole traditionnels.

▶ La partie intitulée « documents » met en évidence différents types d'écriture : documents de vie pratique, supports sociologiques, anthropologiques, fictions, échanges épistolaires, productions poétiques qui, dans chacune des unités, donnent lieu à des tâches en rapport avec leur finalité. Tout en gardant une dominante de genre pour ces tâches, on a veillé à les diversifier au fil de la méthode pour éviter l'ennui.

▶ Tous les trois dossiers, une partie « tests » permet de vérifier les savoirs et les compétences. Ces tests s'inscrivent dans les **niveaux A1 et A2 du Cadre européen commun de référence** (CECR), sur lesquels sont également alignées les épreuves du DELF proposées en conclusion.

Direction éditoriale : Michèle Grandmangin
Édition : Odile Tanoh-Benon
Conception graphique maquette et couverture : Favre & Lhaïk
Mise en pages, correction : Jean-Pierre Delarue
Illustrations : Emmanuel Saint, Emmanuelle Teyras, Zaü
Cartographie : Graffito
Recherche iconographique : Christine Varin
Photogravure : Nouvelle Norme Production

© CLE international, 2006
ISBN 978-2-09-035260-3

Découpage

1 Deux pages *supports* : oral, écrit

On peut commencer par l'une ou l'autre :
- 1 page de dialogues illustrés,
- 1 page de texte réaliste.

▶ **Les dialogues varient de 1 à 4.** Il peut s'agir :
– d'un dialogue en continu, faisant intervenir des protagonistes réguliers ;
– de plusieurs petits dialogues illustrant des situations identiques ou chronologiquement reliés et rattachés, bien sûr, au thème du texte.

▶ **Les textes** sont des documents réalistes : questionnaires, articles de presse, extraits de guides touristiques, messages électroniques, annonces, cartons d'invitation, publicités, correspondances…

▶ **Les supports sont accompagnés d'*activités* de questionnement** permettant la compréhension globale, la compréhension fine, la découverte des actes de parole, du lexique, des structures travaillées dans ce texte.

2 Cinq pages *outils*

Cette partie regroupe les points à travailler en lexique, en grammaire et en phonétique.

▶ **Le lexique** est essentiellement thématique. Il est repris dans les exercices de grammaire, mais il fait lui-même l'objet d'exercices spécifiques (mots à compléter, phrases à compléter, classement, mots croisés, etc.).

▶ **La grammaire**. Le(s) point(s) de grammaire présenté(s) dans les textes sont repris dans de courts supports (phrases ou petits textes ou micro-conversations) permettant la découverte des phénomènes étudiés. Ils sont accompagnés d'un tableau et/ou d'une explication simple de la règle, puis travaillés dans les exercices traditionnels.
Les *micro-conversations* illustrent le plus souvent les actes de parole présentés dans les supports initiaux. Elles sont repérables par le signe 🎧.
Des *notes de grammaire*, figurant à la fin de cette partie grammaticale, expliquent des points de grammaire ponctuels (prépositions, articulateurs, remarques diverses).

▶ **La phonétique et la graphie** attirent l'attention sur les points suivants :
– découverte des intonations et des sons par des exercices, en faisant appel à l'observation, à la répétition et à la mise en application ;
– mise en relation de certaines particularités graphiques en rapport avec la phonétique étudiée.

3 Une page *situations*

Cette partie permet d'utiliser la langue dans une perspective fonctionnelle, et met en œuvre **les compétences de l'écrit et de l'oral**. Les éléments nécessaires pour mener à bien les tâches proposées sont bien entendu présents dans les supports.

4 Deux pages *documents*

Elles illustrent différents types d'écriture et permettent de répondre à des intérêts pratiques, sociologiques, épistolaires ou de stimuler l'imagination :
– une page à dominante *culturelle* ;
– une page interactive à dominante *récréative*.

Selon sa nature, chacun de ces documents est l'objet d'une ou plusieurs tâches, par exemple :
– repérage d'infos utiles pour « vie pratique » ;
– comparaison culturelle pour l'« œil du sociologue » ;
– rédaction de messages pour le « journal à plusieurs voix » ;
– (ré)écriture du dialogue ou changement d'indications pour le « scénario » ;
– *apprentissage par cœur* pour les « chansons ».

▶ **Vie pratique.**
Les sujets répondent aux questions de jeunes adultes (études, logement, nourriture, etc.) étudiant en France ou en voyage touristique ou professionnel.

▶ **L'œil du sociologue.**
Il permet d'explorer les pratiques culturelles des Français et de les comparer à la culture de l'apprenant.

▶ **Le journal à plusieurs voix.**
Cet échange de courriels entre les protagonistes autorise un ton plus « affectif » et invite l'apprenant à s'impliquer dans les relations entre les personnages.

▶ **Le scénario.**
Un des protagonistes de la méthode est scénariste. Il écrit un scénario pour la télévision. Chacune des scènes reprend la dominante du dossier (lieu, vêtements, nourriture, etc.) sous forme de synopsis et/ou de dialogue.

▶ **En poèmes et en chansons.**
Des petits textes parfois mis en musique reprennent de façon très libre les éléments connus, que la forme choisie permet de mémoriser.
Tout en gardant une dominante de genre pour toutes ces tâches, on a veillé à les diversifier au fil de la méthode pour éviter l'ennui.

5 Les *bilans* et DELF CECR

Tous les trois dossiers, une partie de tests permettra :
– de *vérifier* les savoirs et les savoir-faire (actes grammaticaux, actes de parole) et la maîtrise des consignes ;
– et de *préparer* les épreuves du DELF (A1 et A2).

Mode d'emploi

Ouverture du thème

Un thème = 3 unités

Sommaire des points étudiés
dans chaque unité

---

1 Support

Oral
Dialogue
entre les personnages
et petites scènes
en relation avec le thème

Les points de lexique ou
de grammaire à découvrir et à retenir

Écrit
Documents réalistes
de la vie quotidienne
(questionnaire, article de presse
courriels, annonces, etc.)

Activités
Questions de compréhension
globale ou détaillée

---

2 Outils

– une phase d'observation
– une phase d'application
et de reproduction

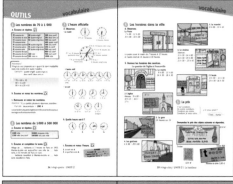

Vocabulaire

Lexique thématique
avec des exercices
de consolidation

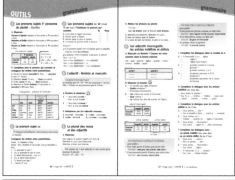

Grammaire

– Les points de grammaire
à découvrir en contexte
– les règles
– les exercices d'application

Notes de grammaire
pour se souvenir, remarques

Phonétique
À partir des sons rencontrés
dans les dialogues :
découverte des sons
activités, dictées

Graphie
Les relations entre les sons
et l'orthographe

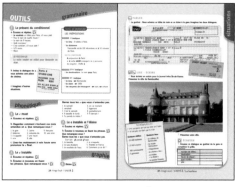

3 Situations

Oral

Parler	activités
Lire	à partir
Écrire	de situations
Écouter	de la vie
	quotidienne

Mode d'emploi

4 Documents *avec des activités*

Vie pratique
Les informations nécessaires
sur la vie en France

L'œil du sociologue
Les pratiques culturelles
des Français

Le journal à plusieurs voix
Échanges de courriels
Apprendre à s'impliquer dans
les relations sociales

Le scénario de Maxime Garin
un scénario pour la télévision à
jouer, à commenter ou à modifier

En poème ou en chanson
À apprendre par cœur

5 Tests

Toutes les 3 unités

Bilan (3 pages)
et
DELF-CECR
A1-A2 (2 pages)

Vérifier les savoirs
et la maîtrise des consignes

Les dialogues et exercices accompagnés du pictogramme sont enregistrés sur le matériel audio.

En fin d'ouvrage : un **précis grammatical**.

Tableau des contenus

UNITÉS *Titres et thèmes*	ORAL *Support du dialogue*	ÉCRIT *Support du texte*	ACTES DE PAROLE	VOCABULAIRE
1 La population p. 12	**Identité** Entretien avec l'agent de recensement	**Recensement de la population** Questionnaire de recensement	– Se présenter – Poser des questions	– Les nombres – Les professions – Les nationalités – Les présentations
2 La banlieue p. 22 Habiter en banlieue	**À la gare** Dialogues (au guichet, sur les quais)	**Cent ans après** Article de presse : la nomination d'un nouveau chef de gare	– Présenter quelqu'un – Demander une information – Indiquer l'heure officielle – Demander un prix	– Les nombres *(suite)* – L'heure (officielle) – La ville *(horaires)*
3 Quartier de Paris p. 33 Choisir un lieu de vie	**Chercher une chambre** Dialogues : – entre un étudiant qui cherche une chambre à louer et un agent immobilier ; – entre l'étudiant et son père pour la visite d'une chambre dans le Quartier latin.	**Le Quartier latin** Un passage de guide	– Décrire un lieu – Indiquer un prix – Donner un rendez-vous – Indiquer un itinéraire	– Les nombres ordinaux – L'heure usuelle – Demander l'heure – La ville : · La localisation · La direction

Bilan 1 et DELF-CECR A1, p. 42

UNITÉS *Titres et thèmes*	ORAL *Support du dialogue*	ÉCRIT *Support du texte*	ACTES DE PAROLE	VOCABULAIRE
4 Chambres pour étudiants p. 48 Chez soi	**Pendaison de crémaillère** Dialogues : conversation dans une soirée	**La première chambre** Un mail sur la description d'une chambre	– Décrire un lieu – Localiser des objets – Donner des indications de temps	– L'habitat – La localisation – Les meubles – Les petites annonces – L'appréciation
5 Petits boulots p. 58 Offre d'emploi Entretien téléphonique	**Entretien** – Conversation téléphonique (suite à une annonce) – Prise de rendez-vous	**Offres d'emploi** Correspondance Internet : – annonce offre d'emploi – réponse à l'annonce – proposition d'un rendez-vous	– Téléphoner – Donner des indications de temps – Raconter – Donner/comprendre les caractéristiques d'un emploi	– La conversation téléphonique – L'emploi
6 Le resto U p. 68 Les menus, les repas, la nourriture	**Enquête au resto U** Avis divers	**Les conseils du diétécicien** – Article de magazine – Comparaison des aliments	– Exprimer une opinion – Poser des questions (suite)	– La nourriture, le repas – Qualifier la nourriture – Les quantités « déterminées »

Bilan 2 et DELF-CECR A1, p. 78

Tableau des contenus

GRAMMAIRE	PHONÉTIQUE et graphie	SITUATIONS Production et compréhension	DOCUMENTS Vie pratique	DOCUMENTS Sociologie
– Les pronoms sujets *je/j'*, *vous*, *il/elle* – Le présent de l'indicatif des auxiliaires (*avoir*, *être*) et des verbes réguliers en *-er* Le genre des adjectifs – Les phrases interrogatives	– L'intonation : questions-réponses	Repérer/exprimer une identité	La carte de séjour	– La population française – La population active : nombre de Français (secteur primaire, secondaire, tertiaire)
– Les pronoms sujets : *il/elle*, *ils/elles*, *tu/vous* – Le genre des adjectifs (suite) – Le pluriel des noms et des adjectifs – Les articles indéfinis et définis – Les adjectifs interrogatifs – *Je voudrais*	– Le **e** muet – Le **e** instable – Le **e** instable et l'élision	– Acheter un billet de train au guichet de la gare – Présenter une ville ou un village	Les transports : Paris et l'Île-de-France.	La population vivant en banlieue et travaillant à Paris.
– Les pronoms personnels sujets : *nous/on* – L'impératif – Les pronoms toniques – Les articles contractés – La négation	– L'enchaînement vocalique – L'enchaînement consonantique – La liaison obligatoire – La liaison interdite	Indiquer/comprendre un itinéraire	Le logement à Paris pour les étudiants étrangers.	L'hébergement des jeunes chez leurs parents
– Le passé composé (suite) avec l'auxiliaire *avoir* – Les possessifs : *mon, ma, mes ; ton, ta, tes ; son, sa, ses* – Les adjectifs démonstratifs – *oui, si*	– Oralité-nasalité – Voyelles nasales /$\tilde{\varepsilon}$/, /$\tilde{a}$/, /$\tilde{\mathfrak{z}}$/ • graphie des voyelles nasales	– Décrire une pièce – Lire une annonce – Reconnaître un appartement d'après sa description	Devenir locataire	La brocante
– Le passé composé avec l'auxiliaire *être* (et *avoir*, suite) – Les possessifs (suite) : *notre, nos, votre, vos, leur, leurs* – Les prépositions *à, pour, avec* + pronoms toniques (rappel) – Les pronoms personnels COD : *le, la, l', les*	– Voyelles ouvertes/fermées Paires [e] /[ɛ], [o] / [ɔ] , [ø] / [œ] • graphie	– Raconter son cursus – Comprendre des offres d'emploi – Faire un curriculum vitae – Comprendre une conversation téléphonique	Les démarches pour travailler en France	Le télétravail
– L'article partitif – *ne pas… de/d'* – L'expression de la quantité (suite) – La comparaison – L'interrogation (suite) : inversion du sujet, *est-ce que, qu'est-ce que…*	/i /, /y/, /ɥi/ • graphie : *i, u, ui*	– Composer un menu, commander au restaurant – Comprendre / commenter / comparer des régimes – Donner ses goûts et ses préférences	Le restaurant des étudiants	La consommation alimentaire des Français

Tableau des contenus

UNITÉS *Titres et thèmes*	ORAL *Support du dialogue*	ÉCRIT *Support du texte*	ACTES DE PAROLE	VOCABULAIRE
7 Jeunes artistes *p. 84*	**Elle est actrice !** Conversation : deux copains parlent d'une copine actrice	**Petits rôles et jeunes talents** Article de magazine	– Décrire une personne – Donner des indications de temps (suite) – Exprimer une opinion (suite)	– La description physique – Les spectacles
8 Tenue de soirée *p. 94* Les vêtements	**Quelle tenue choisir ?** Petites scènes	**On sort ce soir…** – Carton d'invitation – Article de magazine : conseils sur la tenue	– Inviter – Demander et donner un avis – Décrire un vêtement	– Les vêtements, – les chaussures – La taille, les pointures – Les couleurs – Les matières
9 Faites du sport ! *p. 104* Sport et santé	**Visite médicale**	**Le sport à la maison** Article de magazine	– Donner des conseils – Parler du corps et de la santé	– Les parties du corps – Les mouvements – Les sports

Bilan 3 et DELF-CECR A1, p. 114

UNITÉS *Titres et thèmes*	ORAL *Support du dialogue*	ÉCRIT *Support du texte*	ACTES DE PAROLE	VOCABULAIRE
10 En voiture ! *p. 121*	**Projet de voyage** Conversation : en voiture ou en train ?	**La Tulipo, la meilleure des voitures !** Article de magazine : publicité pour la voiture	– Proposer – Accepter – Refuser – Faire des projets – Parler des transports	– Les transports individuels – Les routes – La voiture – Les services – Les papiers d'identité du vehicule
11 Sur la route *p. 130* La circulation routière La météo	**Au volant !** Scènes sur la route : – infraction – verbalisation – erreur d'itinéraire	**Week-end** Articles de presse : départs en week-end, prévision et bilan	– Exprimer l'obligation/ l'interdiction – Reprocher – Donner des conseils, faire des recommanda- tions – Prévoir et raconter un événement	– Les panneaux de signalisation – La météo – Les températures – Le temps – Le bulletin météo
12 En vacances *p. 140* Le tourisme	**Entre amis** Scènes de la vie quotidienne : propos conviviaux ou anodins	**Le 25 décembre** Une carte postale : Émilie écrit à ses parents	– Raconter un emploi du temps – Se situer dans le temps – Faire des projets – Accepter / refuser – Exprimer une opinion, – Se justifier	– Les paysages – Les vêtements – Les plats régionaux – Le tourisme – Les pays et les continents

Bilan 4 et DELF-CECR A2, p. 150

Apparences p. 83 — Unités 7-8-9

Voyages p. 119 — Unités 10-11-12

Tableau des contenus

GRAMMAIRE	PHONÉTIQUE et graphie	SITUATIONS *Production et compréhension*	DOCUMENTS *Vie pratique*	DOCUMENTS *Sociologie*
– La description : *être* ou *avoir* – Les adjectifs (rappel) – Les pronoms personnels COI – Les compléments de temps : *il y a, depuis* – L'imparfait dans la description	/y/, /u/ • graphie : *u, ou*	– Décrire, reconnaître une personne – Remplir un questionnaire sur Internet – Discuter d'un spectacle	Chacun son look : le relooking	L'évolution de Marianne : qui est-elle ?
– Le futur proche – Les pronoms relatifs *qui, que* – Les pronoms démonstratifs *celui, celle, ceux, celles* – Les pronoms relatifs *qui, que*	/ʃ/, /ʒ/ • graphie : – *ch* – *j, g, ge*	– Acheter dans les magasins – Décrire son style – Commander des vêtements sur Internet – Identifier des personnages	Les magasins ouverts le dimanche	Les soldes
– *avoir mal à…* – L'article partitif (suite) – La négation : *ne pas…de* (rappel) – Le pronom complément *en* – Les verbes pronominaux – L'impératif à la forme négative – L'impératif des verbes pronominaux – Les tournures impersonnelles	f/, /v/ • graphie : – *v* – *f, ff, ph*	– Conseils en cas de problèmes de santé – Conseils pour avoir une alimentation saine – Consultations chez le médecin	Faire du sport à Paris	Sport et santé
– Le futur simple de l'indicatif – Le passé récent – Les verbes pronominaux au passé composé (suite) – Les superlatifs – Le pronom complément de lieu *y*	/s/, /z/ • graphie	– Choisir un moyen de transport : avantages et inconvénients – Participer à un concours – Comprendre la fiche technique d'une voiture	Le permis de conduire	Les Français et leur voiture
– L'article partitif (rappel) – Le futur simple (suite) – La formation de l'imparfait de l'indicatif (suite) – Le récit : imparfait et passé composé – Faire des reproches, donner des conseils, faire des recommandations (suite) – L'imparfait du verbe *falloir* (reproche)	/p/, /b/ • graphie – *b* – *p, pp*	– Commenter des panneaux de signalisation – Indiquer un itinéraire – Donner des prévisions – Comprendre un bulletin météo	Bison fûté : une institution	L'importance de la météo pour les Français
– Le genre des noms de pays – Les prépositions de lieu devant les noms de pays – Les pronoms compléments de lieu *en* et *y* – *proposer, accepter* ou *refuser* – Révisions : les compléments de temps ; le passé composé/l'imparfait ; le futur simple	– /k/, /g/ • graphie	– Parler de ses vacances – Proposer des activités – Faire un emploi du temps – Raconter un circuit touristique	Les vacances à la dernière minute	Les congés payés en France : « C'est les vacances, les souris dansent »

Précis grammatical, p. 155 - Crédits photographiques, p. 160

Portraits des personnages

ÉMILIE LETELLIER

VINCENT LETELLIER

MONSIEUR LETELLIER

MADAME LETELLIER

ADRIEN PETIT

LUCIE LEPAVEC

VALENTINE FOUCAULT

JEANNE KELLER

HUGO MATURIN

MARIE ET JÉRÔME CATALA

NORIKO OMASI

SYLVAIN LEGOFF

CÉCILE

IDENTITÉS ET LIEUX DE VIE

La population • *unité 1*

Savoir
- Poser des questions
- Se présenter
- Présenter quelqu'un

Connaître
- Les pronoms sujets
  je/j' • *il, elle* • *vous*
- Les mots interrogatifs
- Les verbes en *-er*
- Le verbe *faire*
- Le masculin et le féminin des adjectifs

La banlieue • *unité 2*

Savoir
- Présenter quelqu'un
- Demander une information
- Indiquer l'heure officielle
- Demander le prix

Connaître
- Les pronoms sujets
  il, elle (rappel) • *ils, elles*
- Les articles indéfinis/définis
- Les adjectifs interrogatifs
  quel, quelle, quels, quelles
- Le masculin et le féminin des adjectifs

Quartier de Paris • *unité 3*

Savoir
- Décrire un lieu
- Indiquer un prix
- Donner un rendez-vous
- Indiquer un itinéraire

Connaître
- Les pronoms personnels sujets *on, nous*
- L'impératif
- Les pronoms toniques
  moi, toi • *lui, elle* • *nous, vous* • *eux, elles*
- L'article contracté
- La négation

oral

Identité 🎧

L'AGENT DE RECENSEMENT : Vous vous appelez comment ?
LUCIE LEPAVEC : Lucie Lepavec.
L'AGENT : Vous avez quel âge ?
LUCIE : J'ai 30 ans.
L'AGENT : Née le… ?
LUCIE : Le 15 mars 1976.
L'AGENT : Où ?
LUCIE : À Saint-Brieuc.
L'AGENT : Qu'est-ce que vous faites ?
LUCIE : Je suis journaliste.

L'AGENT DE RECENSEMENT : Comment vous vous appelez ?
ÉMILIE LETELLIER : Émilie Letellier.
L'AGENT : Vous habitez où ?
ÉMILIE : 12, rue de l'Arrivée à Franceville.
L'AGENT : Vous travaillez ?
ÉMILIE : Non, je suis étudiante.
L'AGENT : Qui est-ce ?
ÉMILIE : C'est une amie.
L'AGENT : Elle habite ici ?
ÉMILIE : Oui.
L'AGENT : Elle est étrangère ?
ÉMILIE : Oui, elle est japonaise.
L'AGENT : Elle parle français ?
ÉMILIE : Non, pas encore.
L'AGENT : Elle s'appelle comment ?
ÉMILIE : Noriko Omasi.
L'AGENT : Qu'est-ce qu'elle fait ?
ÉMILIE : Elle est étudiante.
L'AGENT : Elle a quel âge ?
ÉMILIE : Elle a 20 ans.

L'AGENT DE RECENSEMENT : Nom ?
ADRIEN PETIT : Petit.
L'AGENT : Prénom ?
ADRIEN : Adrien.
L'AGENT : Âge ?
ADRIEN : 29 ans.
L'AGENT : Date de naissance ?
ADRIEN : 12 octobre 1975.
L'AGENT : Profession ?
ADRIEN : Informaticien.
L'AGENT : Adresse de l'employeur ?
ADRIEN : 13, rue Fontaine à Toulouse.

L'AGENT DE RECENSEMENT : Vous vous appelez comment ?
HUGO MATURIN : Hugo Maturin.
L'AGENT : Vous habitez où ?
HUGO : 5, rue Gauguin à Marseille.
L'AGENT : Vous avez quel âge ?
HUGO : J'ai 27 ans.
L'AGENT : Où est-ce que vous travaillez ?
HUGO : 50, rue Pasteur.

> **Les pronoms personnels sujets :**
1re personne du singulier : **je/j'***
* j' devant une voyelle ou un *h* muet

3e personne du singulier :
masculin : **il**   féminin : **elle**

2e personne du pluriel : **vous**

écrit

Recensement de la population

Recensement de la population - 2004
Bulletin individuel

Nom : AXEL

Prénom : Maxime

Adresse : 45, rue Sedaine
75011 Paris

Téléphone : 01 45 63 50 30

1 Sexe ? Masculin ✗ 1   Féminin ☐ 2

2 Date et lieu de naissance

Né(e) le   2 8   0 1   1 9 5 9
      jour   mois   année

à   Paris
   commune

7 5   France
département   pays

3 Nationalité ?

• Française ✗

• Étrangère ☐
   ↳ Votre nationalité ?

4 Profession ?

sociologue

5 Adresse de l'employeur ?

Université de la Sorbonne,
rue Saint-Jacques, Paris
tél. 01 47 66 51 32

activités

1. **Relevez les questions concernant :**
a) l'identité (le nom et le prénom)
b) le lieu de travail et le domicile
c) la profession
d) la nationalité
e) l'âge.

2. **Relevez les réponses concernant :**
a) l'identité (le nom et le prénom)
b) le lieu de travail et le domicile
c) la profession
d) la nationalité
e) l'âge.

3. **Imaginez le dialogue entre
l'agent recenseur et Maxime Axel.**

OUTILS

1 Les nombres de 1 à 69

a. Écoutez et répétez.

1 un	**11** onze	**21** vingt et un	**31** trente et un	**60** **soixante**
2 deux	**12** douze	**22** vingt-deux	**32** trente-deux	**61** soixante et un
3 trois	**13** treize	**23** vingt-trois	…	**62** soixante-deux
4 quatre	**14** quatorze	**24** vingt-quatre	**40** **quarante**	**63** soixante-trois
5 cinq	**15** quinze	**25** vingt-cinq	**41** quarante et un	**64** soixante-quatre
6 six	**16** seize	**26** vingt-six	**42** quarante-deux	**65** soixante-cinq
7 sept	**17** dix-sept	**27** vingt-sept	…	**66** soixante-six
8 huit	**18** dix-huit	**28** vingt-huit	**50** **cinquante**	**67** soixante-sept
9 neuf	**19** dix-neuf	**29** vingt-neuf	**51** cinquante et un	**68** soixante-huit
10 **dix**	**20** **vingt**	**30** **trente**	**52** cinquante-deux	**69** soixante-neuf

b. Trouvez les nombres de 1 à 20.

q	u	a	t	o	r	z	e	i	d	o
u	n	t	a	d	e	u	x	s	o	u
i	i	r	d	i	x	-	n	e	u	f
n	r	o	u	x	e	q	c	p	z	s
z	d	i	x	-	h	u	i	t	e	e
e	i	s	a	s	u	a	n	i	a	i
u	x	a	y	e	i	t	q	f	o	z
s	s	i	u	p	t	r	e	u	n	e
v	i	n	g	t	n	e	u	f	z	u
a	x	t	r	e	i	z	e	u	e	z

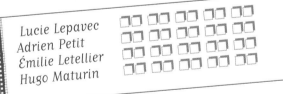

c. Écoutez et écrivez les numéros de téléphone.

Lucie Lepavec
Adrien Petit
Émilie Letellier
Hugo Maturin

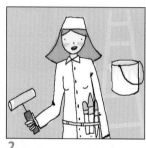

Les professions

Répondez à la question.

Qu'est-ce qu'il fait ?
Qu'est-ce qu'elle fait ?

Exemple : **1.** *Il est boulanger.*

Professions		
musicien	boucher	médecin
acteur	épicier	écrivain
peintre	boulanger	journaliste
styliste	plombier	professeur
photographe	secrétaire	ingénieur

3 Les nationalités

Répondez à la question.

Vous êtes française ?

Nationalités		
japonaise	russe	polonaise
française	suisse	belge
allemande	anglaise	suédoise
espagnole	portugaise	

Non, ...   *Non, ...*   *Non, ...*   *Non, ...*   *Oui, ...*

1   2   3   4   5

4 Les présentations

Présentez ces célébrités.

Sarah Moon
française

Joan Kathleen Rowling
anglaise

Sergueï Prokofiev
russe

Agatha Ruiz de la Prada
espagnole

OUTILS

1 Les pronoms sujets
je, vous, il **ou** *elle*

a. Écoutez et observez.

— **Vous*** **êtes** étudiante ?
— Oui, **je suis** étudiante.
— **Vous habitez** où ?
— **J'habite** à Paris.
— **Vous avez** quel âge ?
— **J'ai** 20 ans.

> *Attention !
> · *Vous* est un pronom pluriel qui s'emploie ici pour le **singulier**. C'est le *vous* **de politesse**.

— **Il s'appelle** comment ?
— **Il s'appelle** Hugo.
— **Il est** étudiant ?
— Non, **il est** journaliste.
— Où est-ce qu'**il travaille** ?
— 50, rue Pasteur.
— **Il habite** où ?
— 5, rue Gauguin.
— **Il a** quel âge ?
— 27 ans.

> Attention !
> · je m'appelle
> · il s'appelle
> · vous vous appelez

Les pronoms sujets

1re personne du singulier	2e personne du pluriel		3e personne du singulier
je, j'¹	vous*	masculin	il
		féminin	elle

1. *j'* devant voyelle et *h* muet

Conjugaison : présent de l'indicatif

	être	avoir	verbes en -er réguliers		
			travailler	habiter	faire
je	suis	j'ai	travaille	j'habite	…
il/elle	est	a	travaille	habite	fait
vous	êtes	avez	travaillez	habitez	faites

b. Complétez les bulles avec les pronoms sujets *je, vous, il* **ou** *elle*.

Comment ...... vous appelez ?

... m'appelle Adrien Petit

...... êtes français ?

Oui, ... suis français ?

1

2

... habitez où ?

... habite à Paris.

...avez quel âge ?

... ai 29 ans.

3

4

... travaillez ?

Non, ... suis étudiant.

... s'appelle comment ?

... s'appelle Joséphine.

5

6

... a quel âge ?

... a 5 ans.

7

2 Le présent de l'indicatif
Conjuguez les verbes entre parenthèses.

1. — Qu'est-ce que vous *(faire)* ?
   — Je *(être)* informaticien.
2. — Vous *(travailler)* ?
   — Oui, je *(être)* journaliste.
3. — Vous *(être)* journaliste ?
   — Non, je *(être)* étudiant.
4. — Vous *(habiter)* à Paris ?
   — Non, j'*(habiter)* à Saint-Brieuc.
5. — Qu'est-ce qu'il *(faire)* ?
   — Il *(être)* journaliste.
6. — Vous *(avoir)* 25 ans ?
   — Non, j'*(avoir)* 30 ans.

3 L'interrogation

a. Observez.

1. Vous habitez **où** ?
Il/elle habite **où** ?
Où est-ce que vous habitez ?
Où est-ce qu'il/elle habite ?

2. Qu'est-ce que vous faites ?
Qu'est-ce qu'il/elle fait ?

3. Qui est-ce ?

4. Vous vous appelez **comment** ?
Comment vous vous appelez ?
Il/elle s'appelle **comment** ?
Comment il/elle s'appelle ?

5. Vous êtes française ?
Il/elle est français(e) ?

6. Vous avez **quel** âge ?
Quel âge **vous** avez ?
Il/elle a **quel** âge ?
Quel âge **il/elle** a ?

L'INTERROGATION est marquée par

• l'intonation montante :
    Vous êtes étudiant ? ↗
    Il habite à Paris ? ↗

• l'intonation montante ↗ et par un mot
interrogatif :
    où   comment

– **au début** de la phrase :
    Où *est-ce que vous habitez ?*
    Comment *vous vous appelez ?*

– **à la fin** de la phrase :
    Vous habitez ***où*** *?*
    Vous vous appelez ***comment*** *?*

• la locution interrogative *Qu'est-ce que…* ?
(*qu'* devant une voyelle)
    Qu'est-ce que *vous faites ?*
    Qu'est-ce qu' *il fait ?*

• la locution interrogative *Qui est-ce…* ?
– pour identifier une personne
    Qui est-ce ?
    C'est *Noriko.*

• le mot *quel*
Quel + nom **masculin**
    Vous avez ***quel*** *âge ?*

– en début de phrase
    Quel *âge vous avez ?*

---

b. Associez les questions et les réponses.

1. Vous êtes française ?   **a.** Il habite à Marseille.

2. Où est-ce que vous habitez ?   **b.** Je suis étudiante.

3. Qu'est-ce que vous faites ?   **c.** C'est Jenifer.

4. Il habite où ?   **d.** Non, je suis anglaise.

5. Quel âge vous avez ?   **e.** J'habite à Paris.

6. Comment vous vous appelez ? **f.** J'ai 25 ans.

7. Qui est-ce ?   **g.** Je m'appelle Jenifer.

c. Posez les questions.

1. — …………… ?
— Je m'appelle Lucie
Lepavec.

2. — …………… ?
— J'habite à Paris.

3. — …………… ?
— Je suis journaliste.

4. — …………… ?
— J'ai 30 ans.

5. — …………… ?
— Oui, je suis française.

6. — …………… ?
— C'est Émilie Letellier.

7. — ……………
— Elle a 20 ans.

8. — ……………
— Non, elle est étudiante.

d. Présentez-vous : écoutez les questions et répondez.

1. ……   **3.** ……   **5.** ……

2. ……   **4.** ……

e. Jouez les scènes suivantes : posez des questions et répondez.

4 L'adjectif : masculin et féminin

a. Observez et écoutez. 🎧

Il est belg**e**.	**Elle est** belg**e**.
russ**e**.	russ**e**.
alleman**d**.	alleman**de**.
anglai**s**.	anglai**se**.

> • L'adjectif se termine par *e* → il ne change pas au féminin.
> • L'adjectif se termine par *d* ou *s* → on ajoute *e* pour former le féminin ;
> → et on entend la consonne finale /**d**/, /**s**/.

b. Classez les adjectifs dans la bonne colonne.

belge – chinois – japonais – polonais – sénégalais – français – portugais – slovaque – tchèque

féminin = masculin	féminin = masculin + e

c. Écoutez les phrases et cochez la bonne réponse. 🎧

	féminin = masculin	féminin	masculin
1. Exemple :	✔		
2.			
3.			
4.			
5.			
6.			
7.			
8.			

> **Notes de grammaire**
>
> **LES PRÉPOSITIONS**
>
> **à** *marque le lieu où l'on est :*
> **à** Paris.
>
> **de** *introduit le complément de nom :*
> date **de** naissance, lieu **de** naissance

phonétique

L'intonation : questions - réponses

1 Reconnaître des intonations différentes

a. Écoutez. 🎧
Observez les intonations différentes.

Exemple :

1. *Vous êtes française ?*
2. *Comment vous vous appelez ?*
3. *Je suis française.*

	Question ↗↘	Réponse ↘
1.	↗	
2.	↘	
3.		↘

b. Écoutez deux fois chaque phrase. 🎧
Notez l'intonation avec une flèche dans la bonne colonne.

	Question ↗↘	Réponse ↘
1.		
2.		
3.		
...		

c. Observez les intonations possibles pour la question et la réponse. Répétez selon le modèle. 🎧

Exemple :

1. *Vous êtes française ?*   la-la-la-la ↗
2. *Comment vous vous appelez ?* la-la-la-la-la-la →
3. *Je suis française.*   la-la-la-la ↘

2 Transformer des intonations

a. Écoutez. Transformez en questions. 🎧

Exemple : Il habite Paris. → Il habite Paris ?

1. Il est étudiant. →
2. Il a vingt ans. →
3. Elle parle français. →
4. Elle est étudiante en économie. →

Écoutez la solution et répétez. 🎧

b. Écoutez. Transformez en réponses.

Exemple : Elle est italienne ? → Elle est italienne.

1. Lucie Lepavec est étudiante ? →
2. Il travaille à Strasbourg ? →
3. Il voyage souvent ? →
4. Les Français sont sympathiques ? →

Écoutez la solution et répétez. 🎧

👁 LIRE - PARLER

1. Vous êtes :

Léa Durand
José Alonso
Lucas Morel

> **LÉA DURAND**
> *Médecin*
>
> 14 rue de la Tour
> 75015 Paris   tél : 01 35 21 18 03

RÉPUBLIQUE FRANÇAISE

Nom : MOREL
Prénom(s) : LUCAS   BENJAMIN
Sexe : M   Né(e) le : 02 03 1968
à PARIS 5ᵉ (75)
Taille : 1,80m
Signature
du titulaire :   *L Morel*

Adresse : 15 RUE DE LA MAIRIE
PARIS 11E (75)

Carte valable jusqu'au : 14 05 2010

délivrée le : 15 05 2000

Posez des questions et répondez.

✏ ÉCRIRE

2. Complétez les fiches.

FICHE DE RENSEIGNEMENTS

Nom : ....
Prénom : ....
Date de naissance : ☐☐ ☐☐ ☐☐☐☐
                    jour   mois   année
Lieu de naissance : ....
Nationalité : ....

Bulletin d'inscription stage théâtre

Nom : ....
Prénom : ....
Adresse : ....
....
Téléphone : ....
Profession : ....
Âge : ....

UNIVERSITÉ
TOULOUSE
LETTRES-SCIENCES HUMAINES

CERTIFICAT D'INSCRIPTION
Le Secrétaire Général de l'Université atteste que

Nom : ALONSO
Prénom : José
Né(e) le : 28 janvier 1984 à Madrid
Nationalité : espagnole

est régulièrement inscrit(e) pour 2006/2007
à l'université Le Mirail à Toulouse en première
année de français.

Toulouse, le 13/10/2006
Le Secrétaire Général,

Paul Dupond

UNIVERSITÉ DES LETTRES TOULOUSE

🎧 ÉCOUTER

**3. Écoutez la conversation téléphonique au service
d'abonnement du magazine *Vie pratique en France*
et saisissez les données sur l'écran.**

@ Offre d'abonnement

☐ **Oui** je m'abonne pour 12 numéros de
Vie pratique en France.

Nom : ....
Prénom : ....
Sexe   ☐   ☐
                  F   M
Adresse : ☐☐☐ ....
          Numéro   *Rue*
          ☐☐☐☐☐ ....
          Code postal   *Commune*

Téléphone : ....
Nᵒ compte bancaire : [_____]

Date de naissance : .... Âge : ....
Lieu de naissance : ....
Nationalité : ....

Vie pratique

La carte de séjour

Pour étudier en France

● Un étudiant étranger doit avoir une **carte de séjour temporaire portant la mention « étudiant »**.

● Pour l'obtenir, il faut aller à la préfecture ou à la sous-préfecture et justifier d'un revenu minimum de 826, 83 euros par mois.

● Vous devez présenter : trois photos d'identité, un certificat médical délivré par l'Office des migrations internationales (OMI), un timbre fiscal, un certificat d'inscription dans un établissement scolaire.

1. Vrai ou Faux ?

Pour obtenir la carte de séjour temporaire, mention « étudiant », vous devez :

	V	F
a. avoir un revenu maximum de 900 euros par mois.	☐	☐
b. étudier en France.	☐	☐
c. travailler en France.	☐	☐
d. passer un examen médical en France.	☐	☐
e. payer un timbre fiscal.	☐	☐
f. aller au commissariat.	☐	☐

L'œil du sociologue

Population en France : 60 millions d'habitants.

Population active : 26 millions (26 115 000).
● Les hommes : 14 millions (14 230 000).
● Les femmes : 12 millions (11 925 000).

Secteur primaire : 5 %
Agriculture, forêt, pêche.
Secteur secondaire : 25 %
Industrie et mines.
Secteur tertiaire : 70 %
Services (administration, commerce, banque, enseignement, santé, armée…)

POPULATION DE LA FRANCE
Évaluation provisoire au 1ᵉʳ janvier 2005

Années de naissance	HOMMES	Âges	FEMMES
1904		105	
1914		90	
1924		80	
1934		70	
1944		60	
1954		50	
1964		40	
1974		30	
1984		20	
1994		10	
2004		0	

500 400 300 200 100 0   0 100 200 300 400 500
Effectifs en milliers

D'après l'INED

2. Maxime Axel, sociologue, étudie les cas suivants. Qui choisit-il pour a. et b. ?

a. Femme active, plus de 25 ans, secteur tertiaire.

b. Homme actif, plus de 40 ans, secteur secondaire.

Je m'appelle Marie Dehaye. J'ai trente ans, je suis vendeuse de pizzas.

Je suis Michel Lépine. J'ai cinquante ans, je suis agriculteur.

Yves Bourgade, quarante-cinq ans, ingénieur aéronautique.

Je m'appelle Léa Dujardin. J'ai vingt-cinq ans, je travaille, je suis infirmière.

Le journal **à plusieurs voix**

emilieletellier.Franceville@Hitmail.fr

Bonjour, je m'appelle Émilie Letellier. J'ai 16 ans. J'habite à Franceville.
J'ai un frère, Vincent. Il a 25 ans. J'ai deux amies, Julie et Maude. Julie a 22 ans et Maude 18 ans.
Julie travaille à Paris. Quelle chance !
J'aime les livres, les chats et le football.

jeannekeller.Strasbourg@Fraa.fr

Bonjour Émilie.
Je m'appelle Jeanne Keller. J'ai 18 ans. J'habite à Strasbourg. J'ai un frère, Maxime.
Il a 31 ans. Il est scénariste. C'est intéressant.
Moi aussi, j'aime lire et j'aime le rap…

À VOUS !
Entrez sur le forum et présentez-vous.

Le scénario **de Maxime Garin**

SCÈNE 1

— Je m'appelle Yvan Le Perche. J'ai 37 ans. J'habite à Strasbourg

SCÈNE 2

— Je m'appelle Hélène Marchand. J'ai 28 ans. Je suis employée dans une librairie : L'Arbre à livres. J'habite à Paris.

— Allô, vous êtes bien Yvan Le Perche?
— Oui, je suis bien Yvan Le Perche.
— Je m'appelle Nicolas Ruiz. Je cherche Hélène Marchand. Pouvez-vous…

> **Imaginez la suite de la conversation entre Yvan Le Perche et Nicolas Ruiz.**

En poème **ou en chanson**

— Date de naissance ?
— Le premier mois de l'année.
— Donc janvier ?
— Si vous voulez…
— Domicile ?
— 12, rue de l'Arrivée, 14, place de l'Église.

— Comment ça ? Je ne comprends pas, les deux à la fois ?
— Ville ou campagne, ça m'est égal.
— Oui mais moi, j'écris quoi ?

— 12, rue de l'Arrivée, ça vous va ?
— Célibataire ? Marié ?
— Célibataire hier, marié demain, veuf, pourquoi pas ?
— Monsieur, soyez sérieux !

— Alors vous écrivez « marié ».
— Je reprends : profession ?
— Je ne sais pas.
— Comment ça, vous ne savez pas ? Vous êtes bien médecin, avocat, informaticien…

sans profession ?
— Pas du tout !
— Alors quoi ?
— Médecin en juin, boulanger en juillet, comédien toute l'année.
— Ah, la la, ça ne m'étonne pas !

oral

À la gare

Au guichet.

VINCENT LETELLIER : Je voudrais un billet pour Paris, s'il vous plaît !
L'EMPLOYÉ DU GUICHET : Voilà monsieur...
VINCENT : C'est combien ?
L'EMPLOYÉ : C'est 3,95 euros.
VINCENT : Merci !

Sur le quai.

VINCENT : Pardon monsieur, le train pour Paris ?
UN VOYAGEUR : C'est le quai numéro 1.
VINCENT : Merci, monsieur !

Deux personnes attendent sur le quai.

SYLVAIN LEGOFF : Tiens, bonjour Vincent ! Comment tu vas ?
VINCENT : Ça va bien, merci.
SYLVAIN : Tu travailles à Paris, maintenant ?
VINCENT : Oui, je travaille pour une entreprise parisienne le lundi et le mardi.
SYLVAIN : Quelle entreprise ?
VINCENT : L'entreprise Atmosphéris.

Devant le guichet.

— Le guichet est fermé ?
— Oui, il ouvre à 6 heures 30, mais il y a un distributeur.
— Où ?
— Quai numéro 1.
— Ah ! oui, merci.

> **Les pronoms personnels sujets :**
> 2ᵉ personne du singulier : **tu**
> 2ᵉ personne du pluriel : **vous**
> 3ᵉ personne du singulier : **il, elle**
> 3ᵉ personne du pluriel : **ils, elles**

> **L'adjectif interrogatif :**

	masculin	féminin
singulier	**quel**	**quelle**
pluriel	**quels**	**quelles**

Quelle entreprise ?

Cent ans après

LE NORMAND
18 septembre 2006

Jean Leguen, 35 ans, d'origine bretonne, est nommé chef de gare à Franceville.

LE NORMAND • *18 septembre 1906*
Inauguration de la gare de Franceville

100 ans après

18 septembre 2006

Aujourd'hui, 18 septembre 2006, un nouveau responsable est nommé à la gare de Franceville. Comme en 1906, il s'appelle Jean Leguen et il a 35 ans : il a un père breton et une mère italienne. Il habite à Franceville et il aime la Normandie.

Village de 200 habitants à 5 heures de Paris en 1906, Franceville est aujourd'hui une ville de 25 000 habitants, à 45 minutes de Paris en train.

Beaucoup d'habitants de Franceville sont parisiens et normands : ils habitent la région et travaillent à Paris.

activités

1. **Relevez les phrases utilisées :**
– pour demander un objet ;
– pour demander une information.

2. **Relevez les indications d'heure.**

3. **Présentez une personne de la classe.**

> **L'article défini :**
le quai, la gare, l'employé
la Normandie

> **L'article indéfini :**
un billet, une ville

> **Masculin et féminin des adjectifs :**
Il est breton, elle est bretonne.
Il est italien, elle est italienne.

OUTILS

1 Les nombres de 70 à 1 000

a. Écoutez et répétez.

70 soixante-dix	**80** quatre-vingts	**200** deux cents
71 soixante et onze	**81** quatre-vingt-un	**201** deux cent un
72 soixante-douze	**82** quatre-vingt-deux	**300** trois cents
73 soixante-treize	…	**400** quatre cents
74 soixante-quatorze	**90** quatre-vingt-dix	**500** cinq cents
75 soixante-quinze	**91** quatre-vingt-onze	**600** six cents
76 soixante-seize	**92** quatre-vingt-douze	**700** sept cents
77 soixante-dix-sept	…	**800** huit cents
78 soixante-dix-huit	**100** cent	**900** neuf cents
79 soixante-dix-neuf	**101** cent un	**1000** mille

Attention !
Vingt et **cent** prennent un *s* quant ils sont **multipliés** sans être suivis d'un autre nombre.
  Exemples : quatre-vingt**s**, quatre-vingt-un,
  deux cent**s**, deux cent un

• 70 = 60 + 10
  80 = 4 x 20
  90 = 4 x 20 +10

b. Écoutez et notez les nombres.

c. Retrouvez et notez les nombres.

Attention ! Il y a parfois plusieurs réponses possibles :
  Exemple : deuxcentssix → **200, 6**

soixantedixhuitquatrevingttreizemillesoixantedixseptquatrevingtsneufcentssoixantedix

2 Les nombres de 1 000 à 500 000

a. Écoutez et répétez.

1000 mille	**50000** cinquante mille
1500 mille cinq cents	**500000** cinq cent mille

b. Écoutez et complétez le texte.

Village de .... habitants à 3 heures de Paris en 1900, Mantes-la-Jolie est aujourd'hui une ville de .... habitants, à 50 minutes de Paris en train.
.... habitants travaillent à Mantes-la-Jolie et .... habitants travaillent à Paris.

3 L'heure officielle

a. Observez.

– **Le matin**

6 h 00 /6 heures

6 h 30 /
6 heures trente

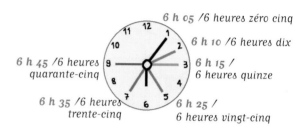
6 h 05 /6 heures zéro cinq
6 h 10 /6 heures dix
6 h 15 / 6 heures quinze
6 h 25 / 6 heures vingt-cinq
6 h 35 /6 heures trente-cinq
6 h 45 /6 heures quarante-cinq

– **L'après midi**

12 h 00 midi   13 h 00   14 h 00   15 h 00   16 h 00   17 h 00

– **Le soir**

18 h 00   19 h 00   20 h 00   21 h 00

22 h 00   23 h 00   o h 00 minuit

b. Quelle heure est-il ?

1.   2.   3.   4.

c. Écoutez et notez l'heure.

1. Le train est **à** …
2. Le guichet ouvre **à** …

3. OUVERT
le matin de .... à ....
l'après-midi de .... à ......
le guichet ferme à ....

4 Les horaires dans la ville

a. Observez.

La Poste

7 h 00 - 12 h 00
14 h 00 - 18 h 00

La poste ouvre le matin de 7 heures à 12 heures et l'après-midi de 14 heures à 18 heures.

b. Donnez les horaires des services.

Le quartier de l'église à Franceville

1. La mairie
   9 h 00 - 13 h 00
   14 h 30 - 18 h 30

2. L'église
Messes : 9 h 00 –
10 h 15 – 16 h –
17 h

3. La gare
24 heures sur 24

4. Les guichets
6 h 00 – 20 h 00

5. Le marché
8 h 00 - 13 h 45

6. Le cinéma
Séances :
11 h 30 –14 h 00 –
16 h 30 –19 h 00 –
21 h 30 – 23 h 45

7. L'école
   8 h 30 – 11 h 30
   13 h 30 –16 h 30

5 Le prix

C'est combien...
Ça coûte combien... }
Combien ça coûte... } *...s'il vous plaît ?*
Combien je vous dois... }

C'est... euros.

Demandez le prix des objets suivants et répondez.

8,50 €

Timbre

0,54 €

Ticket RER

Mantes-la-Jolie 5,80 €

1 Les pronoms sujets 3ᵉ personne du pluriel : *ils/elles*

a. Observez.

Vincent et Sylvain habitent à Franceville et **ils** travaillent à Paris.

Valentine et Émilie habitent à Franceville et **elles** travaillent à Paris.

Vincent et Émilie habitent à Franceville et **ils** travaillent à Paris.

Les pronoms sujets

	3ᵉ personne	
	singulier	pluriel
masculin	il	ils
féminin	elle	elles

Attention !
il + il = ils
elle + elle = elles
il + elle = ils

b. Complétez avec le pronom qui convient et conjuguez les verbes entre parenthèses.

1. Vincent et Sylvain *(travailler)* à Paris. .... *(prendre)* le train à 7 heures.
2. Valentine *(avoir)* 23 ans, ... *(être)* journaliste.
3. Émilie *(avoir)* 19 ans, ... *(être)* étudiante.
4. Valentine et Émilie *(habiter)* à Franceville et .... *(prendre)* le RER pour Paris.

Conjugaison : présent de l'indicatif

			verbes en **-er** réguliers	
	être	**avoir**	**habiter aimer**	**prendre**
je/j'	suis	ai	aime	prends
tu	es	as	aimes	prends
il/elle	est	a	aime	prend
nous	sommes	avons	aimons	prenons
vous	êtes	avez	aimez	prenez
ils/elles	sont	ont	aiment	prennent

2 Le pronom sujet *tu*

Tu marque la familiarité : entre jeunes, entre amis, en famille.

Conjuguez les verbes entre parenthèses.

SYLVAIN : Tu *(habiter)* à Paris.
VINCENT : Non, j'*(habiter)* à Franceville mais je *(travailler)* à Paris.
S. : Tu *(prendre)* le train ?
V. : Oui, je *(prendre)* le train le lundi.
S. : Tu *(être)* informaticien, c'est ça ?
V. : Oui, je *(être)* informaticien.
S. : Tu *(avoir)* quel âge ?
V. : J'*(avoir)* 25 ans.

3 Les pronoms sujets *tu* et *vous*

Tu ou *vous* ? Choisissez le pronom qui convient.

	Tu	Vous
1. Lucie parle à l'agent recenseur.	☐	☐
2. Vincent parle à Sylvain.	☐	☐
3. Vincent parle à Lucie et Sylvain.	☐	☐
4. L'employé du guichet parle à Vincent.	☐	☐

Rappel !
● Ici, le pronom pluriel *vous* s'emploie pour le **singulier**.
→ C'est le *vous* de politesse.
● Le pronom *vous* s'emploie aussi pour le pluriel :
Vous = tu + tu
Vous = vous (**politesse**) + *vous* (**pluriel**)
Vous = vous (**politesse**) + *tu*
Vous = vous (**politesse**) + *vous* (**politesse**)

4 L'adjectif : féminin et masculin

QUAND LE MASCULIN
se termine par *on - en - ien*, la consonne *n* est doublée + *e* final, on ne prononce pas le *e* final.

a. Écoutez et observez.

1. — Vous êtes paris**ien** ?
— Non, je suis bret**on**.

2. — Vous êtes bret**onne** ?
— Non, je suis paris**ienne**.

b. Remplacez par les adjectifs suivants.

1. berrich**on** / valenc**ien** **3.** chil**ien** / colomb**ien**
2. wall**on** / flaman**d** **4.** océan**ien** / europ**éen**

5 Le pluriel des noms et des adjectifs

a. Observez.

Jean Leguen et Sylvain Legoff sont breton**s**.
Valentine et Lucie sont bretonne**s**.
Valentine et Jean sont breton**s**.

On ajoute un *s* aux adjectfs et aux noms pour marquer le pluriel.
Rappel ! *il + elle = ils*

b. Mettez les phrases au pluriel.

Exemple :

Jean **est breton**, Jean et Vincent **sont bretons**.

1. Valentine est bretonne, Valentine et Lucie…
2. Jean est breton, Jean et Sylvain…
3. Le père de Jean est breton, le père et la mère…

6 Les adjectifs interrogatifs, les articles indéfinis et définis

a. Masculin ou féminin ? Classez les mots suivants dans la bonne colonne.

ville – gare – guichet – église – quartier – mairie – cinéma – théâtre – poste

un/le/l'	une/la/l'
············	············
············	············

b. Observez et écoutez.

1. — Je travaille pour **une** entreprise.
   — **Quelle** entreprise ?
   — **L'**entreprise Atmosphéris.
2. — **Un** cinéma est ouvert à Franceville.
   — **Quel** cinéma ?
   — **Le** cinéma Vox dans **le** quartier de **l'**église.

adjectif interrogatif

	singulier	pluriel
masculin	quel	quels
féminin	quelle	quelles

	article indéfini		article défini	
	singulier	pluriel	singulier	pluriel
masculin	un	des	le / l'*	les
féminin	une	des	la / l'*	les

* l' devant a, e, i, o, u, y et h muet

ON EMPLOIE L'ARTICLE INDÉFINI
pour parler :
• d'un objet parmi d'autres, pas encore cité :
   Exemple : **une** gare, **un** quartier, **une** place
• d'une personne parmi d'autres, pas enore citée :
   Exemple : **un** nouveau responsable

ON EMPLOIE L'ARTICLE DÉFINI
pour parler :
• d'une personne précise, connue, ou déjà citée :
   Exemple : Jean Leguen est **le** nouveau responsable.
• d'un objet précis, connu, ou déjà cité :
   Exemple : **la** gare de Franceville
• de quelque chose en général :
   Exemple : Il aime **le** cinéma.

c. Complétez les dialogues selon le modèle de b.

1. — À Franceville, il y a … église.
   — ……… église ?
   — ……… église Saint-Hubert.
2. — ……… guichets ouvrent à 6 heures.
   — ……… guichets ?
   — ……… guichets numéros 1 et 6.
3. — ……… étudiantes prennent le R.E.R.
   — ……… étudiantes ?
   — ……… étudiantes japonaises de la classe de français.

d. Complétez le dialogue avec les articles indéfinis *un, une, des.*

— Vous aimez le quartier ?
— Oui, il y a ……. cinéma, ……. théâtre, ……. place avec ……. arbres, ……. marché, ……. mairie, ……. poste.

e. Complétez le dialogue avec les articles définis *le, la, l', les.*

1. — Vous prenez ……. train ?
   — Oui, je travaille à Paris ……. mardi et ……. vendredi.
2. — Vous habitez où ?
   — J'habite ……. quartier de ……. église à Franceville.
3. — Vous aimez ……. Normandie ?
   — Oui, j'aime ……. région et ……. villes normandes.

f. Complétez les dialogues avec :
– un article indéfini *(un, une, des)*
– ou un article défini *(le, la, l', les).*

1. — Vous avez ……. voiture ?
   — Non, je prends ……. train.
2. — Vous aimez ……. Normandie ?
   — Oui, j'aime ……. région.
3. — À Franceville, il y a ……. théâtre ?
   — Oui, c'est ……. théâtre Molière.

grammaire

7 Le présent du conditionnel

a. Écoutez et répétez. 🎧

— **Je voudrais** un billet pour Paris, s'il vous plaît.
— Pour le train de quelle heure ?
— Le train de 9 heures.
— Voilà monsieur !
— C'est combien, s'il vous plaît ?
— 4,75 euros.
— Merci.

> **JE VOUDRAIS**
> Le verbe *vouloir* est utilisé pour demander un objet.

b. Imitez le dialogue de a. : vous achetez une place de cinéma.

> **Salle 2**
> **STUDIO CINÉ**
> 26/12/2005 19:45
> **PLEIN**   8.10 E
> **UN ALLER SIMPLE**
> 26/12 19:42   102536 527869
> Ni repris, ni échangé

c. Imaginez d'autres situations.

> ### Notes de grammaire
>
> ## LES PRÉPOSITIONS
>
> ▬▬▬ **à** *indique*
>
> › **le lieu** : il habite **à** Paris.
>
> › **la distance** :
>   Franceville est **à** 100 kilomètres et **à** 50 minutes de Paris.
>
> NE PAS CONFONDRE
>   **à** préposition (**à** Paris)
>   ≠ **a** verbe ***avoir*** conjugué à la 3e personne du singulier : il/elle **a**.
>
> ▬▬▬ **pour** *indique*
>
> › **la destination** : le train **pour** Paris.
>
> ▬▬▬ **en** *indique*
>
> › **le lieu** : **en** Normandie
> › **la date** : **en** 1906
> › **les moyens de transport** : **en** train, **en** voiture

---

phonétique

1 Le *e* muet

a. Écoutez et répétez. 🎧

b. Regardez comment s'écrivent les mots entendus en a. Que remarquez-vous ?

1. la gare   5. j'aime   9. française
2. italienne   6. soixante-dix 10. une amie
3. il s'appelle   7. une heure
4. une   8. elle

c. Lisez-les maintenant à voix haute sans prononcer le *e* final.

2 Le *e* instable

a. Écoutez et répétez. 🎧

b. Écoutez à nouveau en lisant les phrases. Que remarquez-vous ? 🎧

Barrez tous les *e* que vous n'entendez pas.

1. le samedi   6. en ce moment
2. vendredi   7. logement
3. C'est le samedi.   8. probablement
4. Il travaille le lundi.   9. À demain !
5. Tu prends le métro ?

3 Le e instable et l'élision

a. Écoutez et répétez. 🎧

b. Écoutez à nouveau en lisant les phrases. 🎧
Que remarquez-vous ?
Barrez tous les *e* que vous n'entendez pas.

Exemple : J̶e prends l̶e train.

1. Je travaille.   4. Je m'appelle…
2. Je suis étudiant.   5. J'habite en France.
3. Je voudrais de l'eau. 6. Comment ça se dit ?

graphie

4 Dictée

PARLER

1. Le guichet : Vous achetez ce billet de train et ce ticket à la gare. Imaginez les deux dialogues.

```
SNCF          BILLET            LE MANS          →RAMBOUILLET
              A composter avant l'accès au train
                                                 01ADULTE

Dép 10/12 à 08H49 de LE MANS          Classe 2    VOIT 05: PLACE NO   16
Arr       à 09H50 à PARIS MONT 1 ET 2 01ASSIS NON FUM
PERIODE NORMALE        TGV  8812      SALLE        01COULOIR
  PLEIN TARIF

Dép 10/12 à 10H09 de PARIS MONT 1 ET 2 Classe 2
Arr       à 11H13 à RAMBOUILLET
                    TRAIN    64481
  PLEIN TARIF
Prix par voyageur :    36.80                  Prix EUR      **36.80
     KM0211        :        KM0048  :DV 459773952   FRF      **241.39
   31.60          :   5.20         :CB713032691  PARIS MONT 1 ET 2  101005  14H43
BP PN      874597739521      B      :6AFC0A                        1/1
              08701604101634
```

```
SNCF-RATP  Réseaux ferrés
                              PARIS-
                              RAMBOUILLET
                              2CL
000279028  PMO014   FRF 43,29
                    EUR 6,60    CA
```

LIRE - ÉCRIRE

2. Vous écrivez un article pour le journal *Infos Île-de-France*.
Présentez la ville de Rambouillet.

RAMBOUILLET
> Prix européen de l'art de vivre en France
> 15 minutes de Paris par le train

Quelques chiffres :
- 25 000 habitants
- 12 000 emplois
- 300 commerçants
- 5 gymnases

Quelques lieux :
- Le château de Rambouillet
- Le musée Rambolitrain
- L'hippodrome
- Le cinéma « Vox »
- Le théâtre « Le Nickel »
- La piscine Fontaine

3. Présentez votre ville.

ÉCOUTER

4. Écoutez ce dialogue au guichet de la gare et complétez la grille.

nombre de billets :	
destination :	
heure de départ :	
quai numéro :	
prix :	

Vie pratique

Les transports en commun

Dans toute la France

● La SNCF

La **S**ociété **n**ationale des **c**hemins de **f**er exploite **les trains** entre les différentes villes de France (les **grandes lignes**) et une partie des trains dans la banlieue parisienne et l'Île-de-France (les lignes de **banlieue** ou Transilien).

● TGV[1]

Train de voyageurs qui roule à 300 kilomètres-heure (km/h).

1. TGV est une marque déposée de la SNCF.
(À l'origine, ce terme signifie « **t**rain **à g**rande **v**itesse »)

Principaux titres de transport

Un **billet** aller simple ou un billet aller-retour. Le billet doit être **composté** au départ.

● Dans les villes

Dans chaque grande ville, il y a un réseau de transport (le bus ou le tramway). Paris, Lille, Lyon, Marseille, Rennes ont un métro.

À Paris et en Île-de-France

● Le métro, le tramway, le bus

La **RATP** (**R**égie **a**utonome des **t**ransports **p**arisiens) est l'organisme qui exploite le **métro**, le **tramway** et les **bus** dans Paris et la proche banlieue. À Paris, il y a 16 **lignes** de métro et une ligne de tramway. Dans les autres villes plus éloignées de Paris, les bus de banlieue sont exploités par un groupe de plusieurs sociétés privées locales[2].

2. **Optile** (**O**rganisation **p**rofessionnelle des **t**ransports d'**Î**le-de-France).

● Le RER

Le **R**éseau **e**xpress **r**égional est le nouveau réseau de transport rapide, entre certaines villes de banlieue, qui traverse Paris.
Il est composé de 5 lignes : A, B, C, D, E[3].

3. Le RER est exploité par Transilien-SNCF sauf deux lignes (RATP-SNCF).

● Transilien[4]

Les trains circulent sur les lignes de la SNCF et s'arrêtent dans les gares des villes de banlieue. Avant, on les appelait les **lignes/trains de banlieue**.

4. Une marque propriété de la SNCF.

● Autorité organisatrice

Tous les organismes de transport de la région Paris-Île-de-France son coordonnés par une seule autorité[5], par exemple pour les titres de transport, les tarifs, etc.

5. Le **STIF** (Autorité organisatrice des transports d'**Î**le-de-**F**rance) organise, coordonne et finance les transports publics d'Île-de-France.

Principaux titres de transport

– Un **ticket** : on peut acheter un seul ticket ou un **carnet** de dix tickets. Le ticket doit être composté.
– La **carte orange** avec un **coupon** hebdomadaire (pour une semaine) ou mensuel (pour un mois).
– Un **abonnement** annuel avec une carte spéciale. Les abonnements et les coupons sont valables pour deux à six zones selon le prix.

1. Vrai ou Faux ?

	V	F
a. La RATP est la Régie Autorisée des Transports Publics.	☐	☐
b. Il faut acheter un ticket pour prendre le métro, le bus et le RER.	☐	☐
c. Le RER gère les grandes lignes.	☐	☐
d. La carte orange permet de se déplacer dans Paris pendant un mois ou une semaine.	☐	☐
e. TGV est un train très rapide.	☐	☐

L'œil du sociologue

Un million de banlieusards vont à Paris en voiture et presque **deux millions** prennent le train ou le RER.

Par exemple, 462 000 personnes prennent chaque jour la ligne D du RER et 500 000 la ligne A.
Il y a 16 trains par heure en période de pointe, mais ils ne suffisent pas.
49% des Franciliens* demandent l'amélioration des transports collectifs.

* Les Franciliens : les habitants de l'Île-de-France (Paris + banlieue).

2. Quelle est la situation dans la capitale de votre pays ?

Le journal à plusieurs voix

emilieletellier.Franceville@Hitmail.fr

À Franceville, à 19 heures, les rues sont vides.
La Poste, la mairie, les magasins sont fermés.
Le commissariat et la gare sont ouverts, mais c'est
tout. Il y a un cinéma, mais pas beaucoup de films.
En ce moment, il y a le film *Le Voyageur*.
Et chez toi ?
On peut se dire « tu », n'est-ce pas ?

jeannekeller.Strasbourg@Fraa.fr

Bonjour Émilie
C'est bien, les villages calmes. À Strasbourg, tout
est ouvert tard dans la nuit, mais je préfère lire…
Et puis, tu as de la chance ! Franceville, c'est tout
près de Giverny.

À VOUS !

Intervenez sur le forum. Dites à Jeanne et à Émilie, quels sont les horaires des services dans votre ville natale.

Le scénario de Maxime Garin

SCÈNE 1
Lundi 18 novembre 2006.
Yvan Le Perche prend le train pour Paris.

SCÈNE 2
Yvan Le Perche arrive dans la librairie,
le patron est à la caisse.
Yvan Le Perche regarde les livres. Il achète
un livre.
Il regarde Hélène Marchand. Elle range les
livres.
Il sort pour téléphoner.
— C'est elle !
— Vous êtes sûr ?
— Oui, elle.

1

2

> **Imaginez le dialogue au guichet à la gare et la suite de la conversation téléphonique.**

En poème ou en chanson

C'est ça la vie

Au petit matin,
La rue Dupin,
La boulangerie,
Le café chaud,
C'est ça la vie !

Et puis le train
De 8 heures 20.
Une heure de train
Tous les matins,
C'est ça la vie !

Le métro,
Le bureau,
Un p'tit resto,
Et les copains,
C'est ça la vie !

Et le samedi,
Le jardin,
Un bon bouquin,
Et le dîner
Chez le voisin,
C'est ça la vie !

Mais le lundi,
Le train de 8 h 20.
Une heure de train
Jusqu'à Paris,
C'est ça la vie ?
C'est ça la vie ?

oral

Chercher une chambre 🎧

Vincent, le frère d'Émilie, est étudiant. Il s'installe à Paris et cherche une chambre près des universités dans le Quartier latin.

VINCENT : Bonjour monsieur, je cherche une chambre pas loin de la Sorbonne.

L'AGENT IMMOBILIER : À quel prix, monsieur ?

VINCENT : Je peux payer jusqu'à 300 euros par mois.

L'AGENT : Ça tombe bien, j'ai une chambre près du métro Odéon, dans un petit immeuble, chez un monsieur âgé.

VINCENT : On peut visiter ?

L'AGENT : Oui, à six heures et demie, c'est possible. On prend rendez-vous ?

VINCENT : Bon, c'est d'accord, à six heures et demie !

VINCENT : Allô papa ? C'est Vincent. Tu vas bien ?

MONSIEUR LETELLIER : Oui, ça va très bien, merci ! Et toi ?

VINCENT : Moi, ça va !
Je visite une chambre de bonne à six heures et demie. S'il te plaît, viens avec moi !

M. LETELLIER : Attends… Moi, je vais au bureau à deux heures et demie, à trois heures moins le quart j'ai un rendez-vous et à six heures… Oui, c'est bon… je suis libre, allons voir !

VINCENT : Alors, rendez-vous au 22 rue Christine. Si tu prends le métro, c'est à côté de la station Odéon, tu passes devant le café « Carrefour de l'Odéon ».
Tu prends la première à droite, puis en face dans la rue Dauphine, ensuite la première à droite.
Tu vas tout droit et c'est en face du cinéma.

M. LETELLIER : D'accord, à tout à l'heure !

> **Les pronoms personnels sujets :**
3ᵉ personne du singulier : **on**
1ʳᵉ personne du pluriel : **nous**

> **L'article contracté :**
au, à la, à l', aux
du, de la, de l', des

> **La négation :**
Les universités **ne** sont **pas** toutes au Quartier latin.

Le Quartier latin

La Sorbonne

Le jardin du Luxembourg et le Panthéon

Une terrasse de café

La fontaine Saint-Michel

Depuis le XIIe siècle, le Quartier latin est le quartier des étudiants. Aujourd'hui, les universités ne sont pas toutes au Quartier latin, mais c'est toujours un quartier intellectuel.

L'École normale supérieure est rue d'Ulm et la Sorbonne est à l'angle de la rue des Écoles et de la rue Saint-Jacques. En face de l'université, il y a le Collège de France et le lycée Louis-Le-Grand.

La fontaine de la place Saint-Michel est le rendez-vous de la jeunesse française et internationale. On n'étudie pas mais on discute, on entend parler toutes les langues, on déjeune et parfois on se baigne…

Aujourd'hui, des restaurants grecs, libanais occupent les rues mais on retrouve l'ambiance étudiante dans les cafés, les librairies, les cinémas…

activités

1. **Relevez les phrases à la forme négative.**

2. **Relevez les expressions utilisées pour indiquer un itinéraire, un lieu.**

1 Les nombres ordinaux

POUR CLASSER
- On ajoute -ième au nombre.

2 = deux → deuxième

Attention !

1 = un	→ **premier**
5 = cinq	→ cinquième
9 = neuf	→ neuvième
11 = onze	→ onzième
12 = douze	→ douzième

Faites une phrase pour indiquer où se trouvent les différents monuments de Paris.

Exemple : **Notre-Dame** se trouve dans **le quatrième** arrondissement.

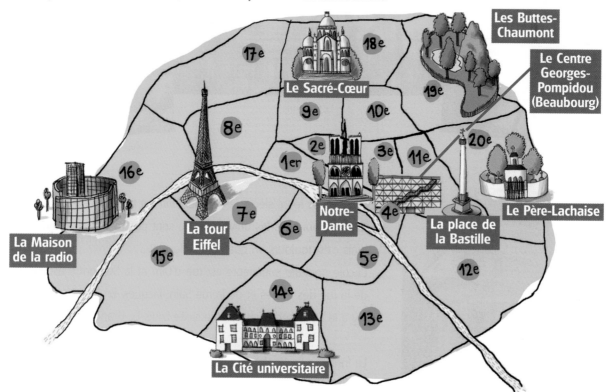

2 L'heure usuelle

a. Observez

– *Le matin*

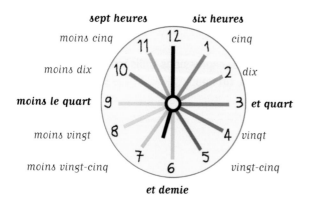

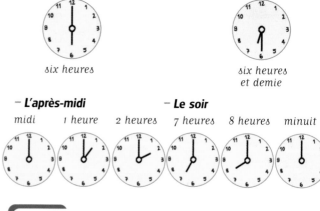

six heures

six heures
et demie

– *L'après-midi*   – *Le soir*

midi   1 heure   2 heures   7 heures   8 heures   minuit

Attention !
Pour l'heure usuelle, en cas de doute,
il faut préciser : *du matin, de l'après-midi, du soir*

b. Écoutez et dessinez les aiguilles sur la montre.

1. *S'il vous plaît, il est quelle heure ?* Il est ......

2. *Vous avez l'heure ?* Il est ......

3. *Quelle heure il est, s'il vous plaît ?* Il est ......

c. Vous avez des rendez-vous.

Écoutez et notez sur la page de l'agenda : l'heure, le lieu et la personne avec qui vous avez rendez-vous.

Vendredi 23 septembre	
	15 h
9 h	16 h
10 h	17 h
11 h	18 h
12 h	19 h
13 h	20 h
14 h	

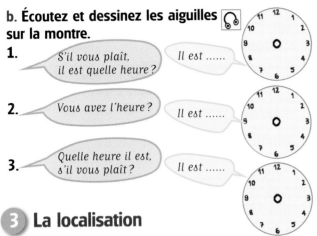

3 La localisation

a. Observez.

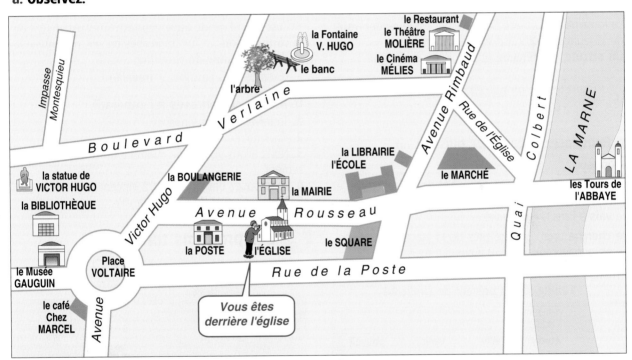

b. Regardez le plan et observez.

La mairie est **en face de** l'église. La poste est **à côté de** l'église. La mairie est **près de** l'église. Il y a un banc **devant** la fontaine. Un arbre est **derrière** le banc. L'église est **entre** le square et la Poste. Le café est **à l'angle de** la rue de la Poste et de l'avenue Victor Hugo et il est **loin de** la Marne.

c. Répondez aux questions.

Où est ?

1. la bibliothèque ?
2. la statue de Victor Hugo ?
3. l'école ?
4. la boulangerie ?
5. la librairie ?
6. le restaurant ?

4 La direction

Où avez-vous rendez-vous avec Vincent ?

Lisez les indications et tracez le trajet sur le plan de l'exercice 3. a.

Vous **êtes** au musée Gauguin. Vous **allez tout droit** jusqu'à la place Voltaire. Vous **tournez à gauche** puis vous **prenez la première à droite**, vous **passez devant la boulangerie**, puis vous **prenez la première à gauche**, vous **allez tout droit**. Vous **arrivez au coin de** l'avenue Rimbaud et du boulevard Verlaine.

OUTILS

grammaire

1 Les pronoms sujets *on* et *nous*

a. Écoutez et observez. 🎧

— Allô papa, c'est Vincent.
  On peut visiter la chambre à 6 heures.
— **Nous pouvons** prendre le métro ?
— Oui, c'est à côté de la place Saint-Michel.

• *On* est employé dans le langage familier. • *On = nous*.	Les pronoms sujets	
	3ᵉ personne du singulier	1ʳᵉ personne du pluriel
	on	nous

b. Observez.

La fontaine de la place Saint-Michel est le rendez-vous de la jeunesse française et internationale.
On discute, **on déjeune** et parfois **on se baigne**…

• *On* = tout le monde en général.

c. Remplacez *je* par *nous*, puis par *on*.

Monsieur,

Je **suis** étudiant, j'**ai** 20 ans, j'**habite** à Franceville et j'**étudie** à Paris. Je **prends** le RER à 6 heures du matin, je **vais** à Paris à l'université.

Je **cherche** une chambre près de la place Saint-Michel, je **peux** payer jusqu'à 350 euros par mois.

Conjugaison : présent de l'indicatif

	verbes en -er réguliers*			
	étudier	**aller**	**venir**	**pouvoir**
je/j'	étudie	vais	viens	peux
tu	étudies	vas	viens	peux
il/elle on	étudie	va	vient	peut
nous	étudions	allons	venons	pouvons
vous	étudiez	allez	venez	pouvez
ils/elles	étudient	vont	viennent	peuvent

* *habiter, travailler, aimer, chercher, discuter, déjeuner…*

d. Donnez la bonne réponse : a (*on* = nous) ou b (*on* = tout le monde, les gens).

                                                        a b
1. Alors Vincent, on déjeune au restaurant à midi ? ☐ ☐
2. On a une chambre à louer.   ☐ ☐
3. À Paris, on aime le Quartier latin.   ☐ ☐
4. Dans le Quartier latin, on parle toutes les langues. ☐ ☐
5. À Paris, on peut visiter la tour Eiffel.   ☐ ☐

2 L'impératif

a. Observez.

— Je visite une chambre à 6 heures 30, s'il te plaît, **viens** avec moi !
— **Attends**… oui, je suis libre, c'est d'accord, **allons** voir !

L'impératif

venir	aller	travailler
viens	va	travaille
venons	allons	travaillons
venez	allez	travaillez

ON EMPLOIE LE MODE IMPÉRATIF
• pour donner une consigne, un ordre, un conseil.
• pour exprimer un souhait…
• L'impératif se conjugue comme le présent de l'indicatif mais seulement à 3 personnes :
          tu - nous - vous
• C'est le seul mode où le pronom sujet est absent de la conjugaison : pour les verbes en *-er*, on enlève le *s* à la 2ᵉ personne du singulier.
    Exemple : Tu travailles ⤳ ***travaille !***

b. Mettez ces phrases à l'impératif.
1. Tu travailles avec Vincent.
2. Vous habitez à Paris.
3. Nous allons visiter une chambre dans le 6ᵉ arrondissement.
4. Vous posez des questions à Vincent.
5. Nous regardons le plan de la ville.

3 Les pronoms toniques

a. Observez, écoutez et répétez. 🎧

Toi, tu es étudiant ?
Non, moi, je suis professeur et toi ?

Moi, je suis photographe et lui ?
Lui, il est musicien.

pronoms sujets	je	tu	il	elle	on	nous	vous	ils	elles
pronoms toniques	moi	toi	lui	elle	nous	nous	vous	eux	elles

LES PRONOMS TONIQUES

renforcent les pronoms sujets,
• pour marquer la différence,
• pour attirer l'attention.

Rappel !
· *il + elle = ils*
→ *eux*

b. Jouez la scène. Mettez au pluriel les phrases du dialogue a. et changez les professions.

c. Observez.

Au cinéma, **à coté de moi** à gauche, il y a Vincent, à droite, il y a Sylvain. Lucie est **derrière moi** et Marie **devant moi**.

d. Décrivez votre position dans la classe.

Employez les prépositions de lieu.

ON EMPLOIE LES PRONOMS TONIQUES

après :
• les prépositions de lieu : *chez, devant, derrière, à côté de, en face de…*
• d'autres prépositions comme : *à, avec, pour…*
• et la conjonction : *et*

④ L'article contracté avec la préposition *à*

L'ARTICLE CONTRACTÉ

à + le	=	au	à + l'	=	à l'
à + la	=	à la	à + les	=	aux

a. Je vais *à*.

Associez les éléments pour faire une phrase.

Je vais
- au : école / poste / restaurant /
- à la : café « Chez Marcel » / marché /
- à l' : « tours de l'abbaye » / gare /
- aux : distributeur / guichet

b. Je voudrais aller *à*.

Écoutez. 🎧

— S'il vous plaît, Monsieur, je voudrais aller **au** théâtre Molière.

— Pour aller **au** théâtre, vous allez tout droit, vous prenez la 1ʳᵉ à gauche, vous allez tout droit, vous traversez l'avenue Rousseau, le boulevard Verlaine, vous passez devant le cinéma Méliès, le théâtre est à côté.

c. Regardez le plan page 35. Vous êtes derrière l'église, vous demandez :

1. le marché – **2.** le musée Gauguin – **3.** le cinéma Méliès – **4.** la fontaine Victor Hugo – **5.** les tours de l'abbaye – **6.** le café « Chez Marcel ».

Imaginez les dialogues.

⑤ L'article contracté avec la préposition *de*

L'ARTICLE CONTRACTÉ

de + le	=	du	de + l'	=	de l'
de + la	=	de la	de + les	=	des

a. Regardez le plan page 35.

Observez.

La fontaine Victor-Hugo est **près du** cinéma Méliès.
Le café « Chez Marcel » est **en face du** musée Gauguin.
Le musée est **loin des** quais de la Marne.
Le marché est **à l'angle du** quai Colbert et **de la** rue **de** l'église.

b. Complétez avec les articles contractés *du, de la, de l', des*.

À Franceville, l'église se trouve à coté …… poste.
Le cinéma est en face …… théâtre. La poste est à l'angle …… place Voltaire et à coté …… église.
La mairie est près …… poste. Le café « Chez Marcel » est loin …… tours de l'Abbaye.

c. Écrivez le nom de la rue sur la plaque.

Exemple : **1.** (le) Quai de la Marne

2. (les) Fontaines – **3.** (le) Marché – **4.** (la) Poste

Rue **du** Quai de la Marne

Rue

Rue

Rue

OUTILS

grammaire

6 La négation

a. Écoutez et observez.

— On va au cinéma ?
— Non, je **ne** peux **pas**, j'ai rendez-vous avec Lucie au théâtre.
— Ah bon, moi je **n'**aime **pas** le théâtre !

> **NE... PAS**
>
> **on** *ne peut pas*
>   verbe
> *ne* : devant le verbe
> *ne = n'* devant *a, e, i, o, u, y* et *h* muet
> *pas* : derrière le verbe
>
> • À l'oral, on peut dire :
> *Non, je peux pas...*

b. Mettez les phrases dans l'ordre.
1. je – pas – ne – le – travaille – lundi
2. ne – on – avec – peut – venir – pas – toi
3. a – rendez – on – vous – n' – pas
4. le – l' – église – musée – pas – est – loin – de – n'

> ### Notes de grammaire
>
> **▬ moi**
> › **Elle** et **moi**, on aime le Quartier latin.
> « **Moi** » d'abord ? – Non, quand il y a plusieurs personnes, on met « **moi** » en dernier par politesse.
>
> **▬ pouvoir** ⎫ + verbe   **Tu peux venir** avec moi.
> **▬ vouloir** ⎭ à l'infinitif   **Je voudrais aller** à Paris.
>
> **▬ aller**
> › verbe de mouvement   Je **vais** au bureau.
> › verbe utilisé pour prendre des nouvelles
>   Comment ça **va** ?
>
> **▬ on**   NE PAS CONFONDRE
> ***on*** pronom sujet : On aime le quartier
> et ***ont*** 3ᵉ personne du pluriel du verbe *avoir* au présent de l'indicatif : Ils ont
> **Attention !**   › On a = forme affirmative
>   › On **n'a pas** = forme négative.

phonétique

1 L'enchaînement vocalique

a. Écoutez et répétez.

Exemple : Émilie a un billet.

b. Notez ⌢ les enchaînements vocaliques.
1. Il y a aussi un théâtre.
2. Lundi après-midi, j'ai un rendez-vous.
3. Moi aussi j'ai une idée !
4. Lucie est française.
5. Lucie et Émilie ont des amis.
6. Le guichet est fermé mais Vincent a un billet.

2 L'enchaînement consonantique

a. Écoutez.

Exemple : Valentine habite à Franceville.

b. Notez ⌢ les enchaînements consonantiques.
1. La gare ouvre jour et nuit. Valentine achète un billet.
2. Elle est bretonne et elle habite à Franceville.
3. Elle habite à Paris avec une amie.
4. Je cherche une chambre.
5. La Poste ouvre à sept heures et ferme à dix-neuf heures.

3 La liaison obligatoire

Écoutez : notez les liaisons par ‿.

Exemple : J'ai un‿ami de vingt‿et un‿ans.

1. Les hommes sont mortels.
2. Les Italiens sont aussi des Européens.
3. J'ai un petit enfant. Elles ont des petits enfants.
4. On a une chambre dans le Quartier latin.
5. Il est six heures.

4 La liaison interdite

Écoutez et observez.

1. Comment | aller à Paris ?
2. C'est la station | Odéon.
3. Jean | est le nouveau responsable et | il travaille à Franceville.
4. On prend les billets de train | à la gare.
5. Ce garçon | est sympathique.
6. Il a un père breton | et une mère italienne.

graphie

5 Dictée.

PARLER

1. Vous avez des invités, vous les placez à table, les uns par rapport aux autres et par rapport à vous. Expliquez la place de chaque personne.

✎ ÉCRIRE

2. Vous envoyez un courriel à une agence pour proposer une chambre.

Vous localisez la chambre et vous décrivez le quartier.

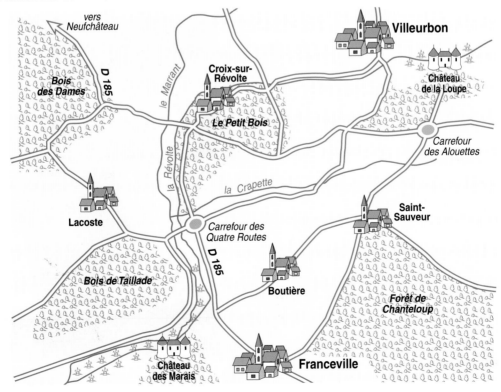

🎧 ÉCOUTER

3. Vous prenez la voiture ; le G.P.S. (coordinateur de navigation) vous indique le chemin.

Tracez l'itinéraire sur la carte routière.

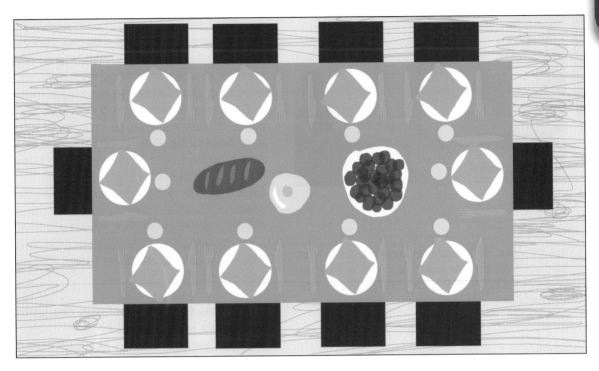

Vie pratique

Où habiter

● À Paris, plus de 10 % des étudiants sont étrangers. La plupart d'entre eux arrivent d'Afrique et d'Europe. Leur installation n'est pas facile car ils ont à régler des problèmes administratifs et pratiques.

● Le plus difficile à Paris est de trouver un logement agréable et à un prix raisonnable : résidence universitaire publique ou privée, foyer, famille d'accueil, studio, colocation… il y a beaucoup de choix mais peu de places. À chaque rentrée universitaire, on parle de crise du logement étudiant. Différentes institutions scolaires ou sociales sont là pour les aider à trouver un toit ou à financer le loyer : par exemple, le Crous (**C**entre **r**égional des **œ**uvres **u**niversitaires et **s**ociales) et la C.I.U.P. (**C**ité **i**nternationale **u**niversitaire de **P**aris).

1. Vrai ou Faux ?

	V	F
a. La majorité des étudiants étrangers viennent des États-Unis.	☐	☐
b. Il est très facile de trouver un logement à Paris.	☐	☐
c. Chaque année, les étudiants ont des problèmes pour se loger.	☐	☐
d. Les étudiants peuvent habiter chez une famille française.	☐	☐
e. La C.I.U.P. est une université.	☐	☐

L'œil du sociologue

Chez papa-maman

En France, les jeunes restent de plus en plus tard dans leur famille.

71 % des garçons et 51 % des filles de 20 à 23 ans sont hébergés chez leurs parents (contre 51 et 38 % en 1982), ils sont encore un sur trois et une sur cinq entre 24 et 27 ans à rester « chez papa et maman ». La cause vient du prolongement des études, du chômage, de l'augmentation du coût de la vie mais aussi de la facilité, du refus des responsabilités. On entend souvent dans les familles : « Cette maison n'est pas un hôtel ! »

Ce phénomène explique le succès du film *Tanguy* d'Étienne Chatiliez : c'est l'histoire d'un étudiant-chercheur de 28 ans que ses parents n'arrivent pas à « mettre dehors »… Une nouvelle expression est même apparue pour définir ces adolescents tardifs : les « adulescents ».

2. a. Quels sont les avantages des jeunes à rester chez leurs parents ?
b. Quels peuvent être les avantages pour les parents à garder leurs enfants à la maison ?
c. Le phénomène est-il semblable dans votre pays ?
d. Le mot « adulescent » est créé à partir de deux mots, lesquels ?

André Dussolier, Eric Berger, Sabine Azema,
Tanguy, de Étienne Chatiliez, 2001

Le journal à plusieurs voix

emilieletellier.Franceville@Hitmail.fr

Une grande nouvelle ! Mes parents louent une chambre près de la Sorbonne, dans le Quartier latin, pour mon frère Vincent.
Le Quartier latin ! la vie étudiante ! ce n'est pas pour moi, mais j'espère bien profiter de la chambre pour aller à Paris moi aussi.

jeannekeller.Strasbourg@Fraa.fr

Ça tombe bien ! Je voudrais aller à Paris pour les vacances. Je peux venir avec toi. On peut se donner rendez-vous. Le Quartier latin, c'est sympa, c'est central, on est près de tout.

À VOUS !

Intervenez sur le forum. Saluez Émilie et Jeanne et donnez-leur rendez-vous.

Le scénario de Maxime Garin

SCÈNE 1
Yvan le Perche se promène dans le Quartier latin. Il s'arrête devant un hôtel, près de la librairie. Il demande une chambre.

> **Imaginez le dialogue ; Yvan insiste pour avoir une chambre avec vue sur la librairie.**

SCÈNE 2
De la fenêtre de la chambre, il regarde l'entrée de la librairie. À 20 heures, elle sort. Elle ferme la porte à clé. Il la suit.

> **Ils vont jusqu'à une station de métro, changent puis prennent le R.E.R. en direction d'une gare de banlieue. Yvan ne veut pas être vu par la jeune femme. Imaginez comment il fait pour la suivre dans les transports.**

En poème ou en chanson 🎧

Vous descendez
Au métro,
Vous prenez
La rue du chemin
Jusqu'au trente
et un,
Vous entrez.
Et là, trouvez
Bien rangés,

Balzac, Rousseau,
Camus,
Tous vos auteurs
préférés.
Vous restez
Aussi longtemps
que vous voulez.
Quand vous sortez,
Prenez la rue

jusqu'au 26.
Là, il y a
Un cinéma comme
autrefois.
Il n'a pas changé
Depuis des
années.
Vous prenez
un billet,

Vous vous asseyez
Et vous voyez
Le passé défiler.

Et si vous aimez
Les vieux papiers,
Les couleurs fanées,
Allez jusqu'au café
« Chez René ».

Vous vous installez,
Vous demandez
Un chocolat glacé.
Et tout à coup,
Prévert, Boris Vian,
Tous ceux que
vous aimez
Sont assis à vos
côtés.

BILAN 1

Vous connaissez...

1 Les pronoms sujets

a. Complétez avec les pronoms sujets *je/j' – tu – il/elle – nous – vous – ils/elles.*

1. .... m'appelle Lucie Lepavec.
2. .... êtes japonaise.
3. .... est journaliste.
4. .... habitons à Franceville.
5. .... as 40 ans.
6. .... prennent le train à 9 heures.

b. Associez les éléments pour faire une phrase.

on

nous

1. discute place Saint-Michel.
2. travaillons à Paris.
3. étudie à l'université.
4. passons devant le cinéma Vox.

2 Conjugaison au présent de l'indicatif

Complétez le tableau.

	verbes en -er réguliers		verbes irréguliers				
	habiter	discuter	être	avoir	prendre	pouvoir	aller
je/j'				ai		peux	
tu		discutes					
il/elle on			est		prend		
nous	habitons						
vous							allez
ils/elles							

3 Les articles indéfinis et définis

Complétez les phrases avec les articles indéfinis et définis.

1. Jean Legoff, ... nouveau responsable de .... gare de Franceville aime .... trains.
2. Vincent travaille à Paris .... lundi, il prend .... train. Il cherche .... chambre à Paris.
3. Je voudrais .... place de cinéma, pour .... séance de 11 heures.
4. À Franceville, il y a .... cinémas. .... cinéma Vox est en face de .... immeuble de Vincent.

4 Les articles contractés

Complétez les phrases avec les articles contractés *au / à la / à l' / aux – du / de la / de l' / des.*

1. Il est 8 heures .... matin.
2. Je voudrais aller .... mairie, s'il vous plaît !
3. La mairie est à côté .... église.
4. Le théâtre Molière est .... angle .... rue Custine.
5. J'habite 16, rue .... tours de l'abbaye.
6. Je vais .... cinéma avec Lucie.
7. S'il vous plaît, je voudrais aller .... Buttes-Chaumont.

5 L'accord de l'adjectif

a. Mettez les phrases au masculin.

1. Je suis allemande.
2. Elle est européenne.
3. Elle est française.
4. Vous êtes bretonne ?

b. Mettez les phrases au féminin.

1. Il est parisien.
2. Vous êtes wallon ?
3. Je suis anglais.
4. Je suis belge.

6 Les pronoms toniques

Complétez les dialogues avec les pronoms toniques.

1.
SYLVAIN : Je vais chez Vincent, tu peux venir avec ....
LUCIE : D'accord, pour aller chez ...., on prend le métro ?
2.
VINCENT : ...., j'habite à Paris.
S. : Et Émilie, elle habite avec .... ?
V. : Non ...., elle habite à Franceville.
3.
L. : Jeanne et Émilie travaillent ?
V. : Non, ..., elles sont étudiantes, elles vont à l'université.

7 La négation

Séparez les mots selon le modèle.

Exemple : Jenevaispascheztoi. → *Je / ne / vais / pas / chez / toi.*

1. VincentneprendpasleRERpourallertravailler.
2. LachambredeVincentn'estpasenfaceducinéma.
3. Vousn'avezpasrendez-vousàseptheures.
4. Lalibrairien'estpasderrièrel'églisemaisentrelalibrairie etlemusée.
5. Lucienetravaillepaschezelle.

Vous savez...

1 Poser des questions

a. Trouvez les questions correspondant à ces réponses.

1. — Je m'appelle Vincent Letellier.
2. — J'habite à Paris dans le 6ᵉ arrondissement.
3. — J'ai 25 ans.   **4.** — Je suis étudiant.
5. — Oui, je suis français.   **6.** — Non, je suis breton.

c. Posez toutes les questions possibles à Lucie Lepavec.

b. Écoutez le dialogue et complétez le tableau.

Il/elle s'appelle comment ?	Il/elle habite où ?	Quelle nationalité ?
1	1	1 ....
2	2	2 ....
3	3	3 ....
4	4	4 ....
Il/elle a quel âge ?	Quelle profession ?	
1	1	
2	2	
3	3	
4	4	

2 Demander un objet et demander le prix

Demandez les objets suivants, demandez leur prix et répondez.

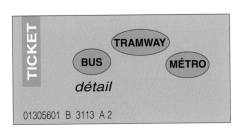

1   Prix : 1,50 €

SALLE 5
GRAND ÉCRAN
19/06/2005 21H10
PLEIN   9.10 E
UN BILLET POUR DEUX
19/06 21:00   102536 527869

2

3

BILAN 1

3 Demander et donner l'heure

a. *Dans la vie quotidienne : l'heure usuelle*
Complétez les bulles : demandez l'heure et répondez.

b. *Dans les lieux publics : l'heure officielle*
Répondez.

4 Indiquer un itinéraire

Vous avez rendez-vous avec un ami au musée Gauguin, vous lui indiquez l'itinéraire.

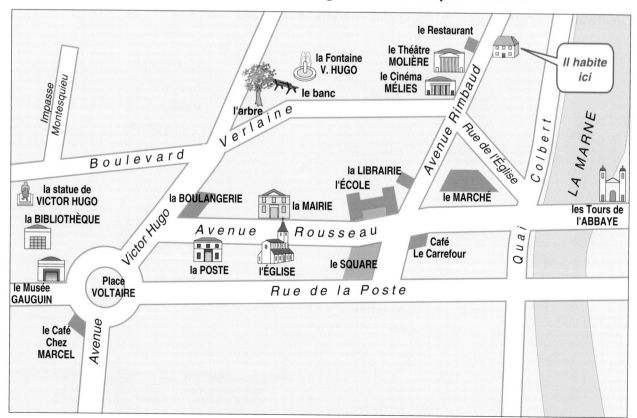

DELF A1 · CECR

A Compréhension de l'oral

Écoutez les trois dialogues et répondez aux questions.

🎧 **Dialogue 1**

a. À quelle heure ont-ils rendez-vous ? ......   **b.** À quel endroit ? ......

🎧 **Dialogue 2**

a. Quel est le numéro du train ?   8524 ☐   6899 ☐   5723 ☐

b. Le train part du quai :   numéro 3 ☐   numéro 17 ☐   numéro 9 ☐

c. À quelle heure part le train ? ......

🎧 **Dialogue 3**

a. Qu'est-ce qu'ils demandent ?......   **b.** Quel est le prix ? ......

B Compréhension des écrits

1. Vous cherchez un appartement ou une maison à louer pour quatre personnes avec quatre chambres en Normandie pour une semaine. Vous lisez ces annonces et vous répondez aux questions.

A

Appartement F6 à Franceville
90 m², 4 chambres, grande cuisine, salle à manger, 2 Sdb, parking. Calme, à 500 mètres de la mer.
Prix par semaine : 700 euros.
Tél : 02 56 78 33 12.

B

Maison à BIARRITZ
120 m², 4 chambres, salle à manger, salon, cuisine, Sdb, Gge. Tout confort.
Prix semaine : 750 €.
Tél : 05 45 98 65 01.

C

Appartement F6 à NICE
80 m², 4 chambres, cuisine, salle à manger, salon, parking.
Calme et ensoleillé.
Prix par semaine : 680 Euros.
Tél : 04 15 14 86 98.

a. Quelle annonce choisissez-vous ?

b. Quel est le prix d'une semaine de location ? ......

2. Vous recevez le courriel suivant.

Tracez sur le plan l'itinéraire pour aller au rendez-vous.

Bonjour,
C'est d'accord, on va chez Sylvia, cet après-midi. Rendez-vous devant chez elle. À la sortie du métro Mabillon, tu prends la rue du Four, tu prends la 2ᵉ à gauche, tu tournes à droite puis à gauche, tu arrives rue Bonaparte, tu vas tout droit et son immeuble est là, à l'angle de la rue de Vaugirard et de la rue Bonaparte.

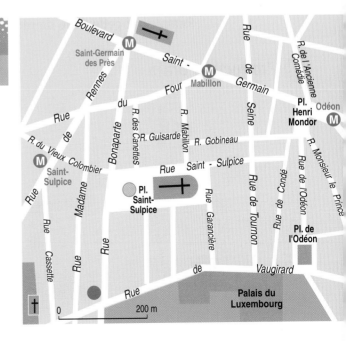

3. **Lisez cette publicité.**

Giverny

Magnifique village de 524 habitants à 30 minutes de Paris près de Vernon aux portes de la Normandie, à 80 kilomètres de Paris et à 60 de Rouen, Giverny est un site exceptionnel ! 350 000 personnes par an visitent Giverny !

- **La fondation Claude Monet** (maison et jardins) propose des visites entre le 1er avril et le 1er novembre de 9 heures 30 à 18 heures tous les jours sauf le lundi.
- **L'hôtel Baudin** ouvre le 1er avril de 10 heures à 17 heures 30 et ferme le 31 octobre.
- **Le château Gaillard** ouvre le 1er avril de 10 heures 15 à 17 heures et ferme le 15 décembre.
- **Le musée d'Art américain** ouvre le 30 mars et ferme le 30 décembre. Visite le matin de 9 heures à 13 heures.

Complétez le tableau.

Giverny				
nombre d'habitants				
nombre de visiteurs				
distance de Paris				
lieux de visite				
dates d'ouverture				
dates de fermeture				
horaires				

C Production écrite

1. Écrivez une carte postale à un ami.
Décrivez votre lieu de vacances et votre location.

2. Remplissez cette fiche de renseignements à l'hôtel :

Nom :
Prénom :
Adresse :
Téléphone :
Profession :
Nationalité :
Date de naissance :
Âge :
Date d'arrivée :
Date de départ :

D Production orale

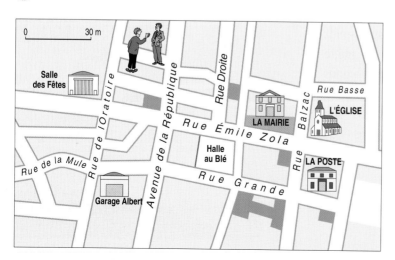

1. On vous demande où se trouve la Poste.
Vous indiquez l'itinéraire.

2. Décrivez votre quartier.

S'INSTALLER AU QUOTIDIEN

Chambres pour étudiants •
unité 4

Savoir
- Décrire un lieu
- Localiser des objets
- Donner des indications de temps

Connaître
- Les possessifs
  mon, ma, mes • ton, ta, tes • son, sa, ses
- Les démonstratifs
  ce, cet, cette, ces
- Le passé composé avec le verbe *avoir*
- Le verbe *faire*
- *Oui, si*

Petits boulots • unité 5

Savoir
- Téléphoner
- Donner des indications de temps
- Raconter
- Donner et comprendre les caractéristiques d'un emploi

Connaître
- Le passé composé avec le verbe *être*
- Les possessifs (suite)
- Les pronoms personnels compléments d'objet direct
  le, la, l', les

Le resto U • unité 6

Savoir
- Exprimer une opinion
- Poser des questions

Connaître
- Le partitif *du, de la, de l', des*
- L'expression de la quantité
- La comparaison
- L'interrogation

Pendaison de crémaillère 🎧

SYLVAIN : Elle est chouette cette fille sur la photo !
C'est ta sœur ?
VINCENT : Oui… Ah ! justement, voilà Émilie !
Je te présente ma sœur Émilie et son amie Jeanne.
SYLVAIN : Enchanté !

LUCIE : Vincent, où tu as mis tes CD ?
Je voudrais changer la musique.

VINCENT : Les CD sont au-dessous de la chaîne
stéréo, sur l'étagère.
LUCIE : Tu n'as pas le CD des Bing-Bang ?
VINCENT : Si, il est dans le tiroir.

VALENTINE : Tu prends un Coca ou un jus
d'orange ?
ADRIEN : Je préfère un jus d'orange.

> Le passé composé de
l'indicatif avec l'auxiliaire *avoir* :
j'ai déménagé   j'ai mis
j'ai rangé

> Les adjectifs possessifs :
mon ordinateur
ma chambre
mes affaires

> Les adjectifs démonstratifs :
ce, cet, cette, ces
ce matin
cette fille

La première chambre

Vincent à Émilie

Bonjour petite sœur !

Ça y est, j'ai déménagé mes affaires. Ma nouvelle chambre est super !
Elle est sous les toits.

Je n'ai pas la télévision mais j'ai Paris à ma porte. De mon bureau, je vois
les toits, la rue, les magasins, et deux cinémas.

J'ai mis mes livres et mes CD sur les étagères, j'ai rangé mes vêtements
dans l'armoire et j'ai accroché des affiches sur les murs.

Il y a un coin cuisine, avec une plaque électrique et un frigo.

Papa a apporté mon ordinateur ce matin. Comme tu vois, je peux donc
envoyer des messages…

Le propriétaire a un appartement au deuxième étage. Il a l'air sympa.

J'attends ta visite, tu peux venir avec ton amie Jeanne.

Bises.

Vincent

activités

1. Qu'est-ce qu'il y a dans la chambre de Vincent ?
Faites la liste de ses meubles et de ses objets.

2. Relevez les expressions utilisées pour localiser
les meubles et les objets.

3. Relevez les expressions utilisées pour exprimer
la possession.

4. Relevez les verbes et observez leur construction.

1 L'habitat

a. L'immeuble de Vincent
Indiquez les étages.

le rez-de-chaussée,
le 2ᵉ et le 6ᵉ étages
l'ascenseur
la place de parking

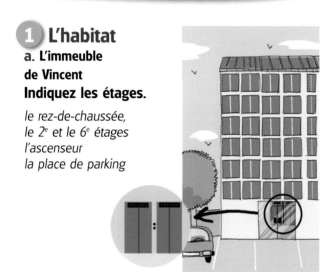

b. La maison des parents de Vincent. Indiquez :
la cave, le garage, le jardin

c. Complétez le texte avec les mots suivants :

locataire – loyer – loue – propriétaire – maison – ascenseur

Vincent ...... une chambre, sous les toits au sixième étage, mais il y a l'.............. .
Il est ....
Le .... est de 300 euros par mois.
Le ...., Monsieur Lepic, habite un appartement au deuxième étage.
Les parents de Vincent sont propriétaires d'une .... avec jardin à Franceville.

2 La localisation

a. La chambre de Vincent
Placez les affaires de Vincent sur l'écran.

Les CD et les livres sont **sur** l'étagère à droite de la porte.
Les affiches sont **sur** le mur.
L'ordinateur est **sur** le bureau.
Le tabouret est **sous** le bureau.
L'étagère est **au-dessus du** lit.
Le lit est **au-dessous de** l'étagère.
Le lit est **à gauche de** la fenêtre, **contre** le mur.
L'armoire est **à droite de** la fenêtre.
Les vêtements sont **dans** l'armoire.
La table de chevet est **entre** le lit et la fenêtre.
Le portemanteau est accroché **derrière** la porte.
Le bureau est **devant** la fenêtre.

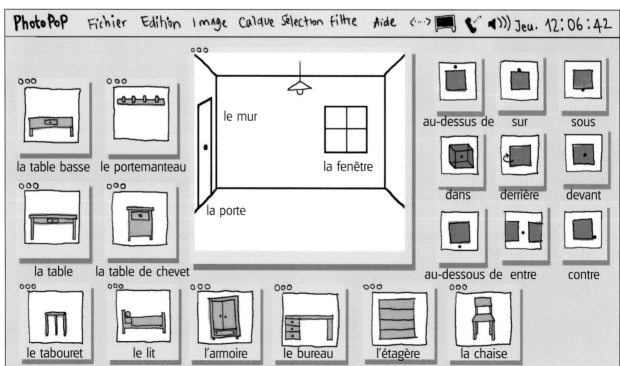

b. Émilie est désordonnée. Écoutez et notez 🎧
les objets mal rangés dans sa chambre.

Objets mal rangés :			
1		3	
2		4	

c. Écoutez cette visite d'appartement et notez
le nom des pièces. 🎧

③ Les petites annonces

a. Observez.

Abréviations pour lire et pour écrire une annonce	
appt : un appartement	compr. : comprenant
pce : une pièce	ch. : chambre
sdb : une salle de bains	cuis. : cuisine
gge : un garage	asc. : un ascenseur
rdc : rez-de-chaussée	m² : mètres carrés

prox. : à proximité de
(proche de)

F1 (un studio) = 1pièce
F2 = 2 pièces   F3 = 3 pièces
F4 = 4 pièces, etc.

1er étage : premier étage – etc.

F4   85 m²

À vendre
             Paris 5ᵉ arrt

Appt 85 m² au 1ᵉʳ étage
avec asc.

compr. : entrée, salon,
salle à manger, 2 ch.,
sdb, wc, cave

450 000 €

b. Rédigez une annonce pour vendre
l'appartement de l'exercice 2.c.

À VENDRE

....
....
....
....

c. Exprimer la satisfaction.

C'est

Le propriétaire est

La chambre est

{

chouette !   (≠horrible)
sympa ! ⌐ sympathique
extra ! ⌐ extraordinaire
super !
génial(e) !

Le propriétaire est **sympathique** ≠ **antipathique**.

OUTILS

1 **Le passé composé de l'indicatif avec *avoir***

a. Écoutez et observez. 🎧

La journée de Vincent

*Ce matin, **j'ai pris** le R.E.R. pour Paris à 6 heures.*

*De 7 heures à midi, **j'ai rangé** mes affaires.*

*À 13 heures, **j'ai déjeuné** avec Sylvain.*

*À 15 heures, **j'ai accroché** des affiches sur les murs.*

*À 17 heures, **j'ai discuté** avec le propriétaire, il est sympa !*

LE PASSÉ COMPOSÉ

• Il marque une action passée et terminée.

• Il est composé d'**un auxiliaire *avoir* au présent + un participe passé.**

Exemple : louer : **j'ai loué**

---

b. Racontez. Mettez ces phrases au passé composé.

Émilie et Jeanne cherchent une chambre

1. Elles *(prendre)* le train pour Paris à 8 heures ce matin.

2. Émilie *(accrocher)* une petite annonce sur le mur à l'entrée de l'université.

3. Jeanne *(mettre)* une petite annonce dans le journal.

4. Elles *(déjeuner)* au restaurant à midi.

5. Elles *(visiter)* une chambre à 16 heures.

6. Elles *(louer)* la chambre à 18 heures.

Le passé composé de l'indicatif avec *avoir*

	verbes réguliers en -er		
	apporter	**mettre**	**prendre**
j'	ai apporté	ai mis	ai pris
tu	as apporté	as mis	as pris
il/elle	a apporté	a mis	a pris
on	a apporté	a mis	a pris
nous	avons apporté	avons mis	avons pris
vous	avez apporté	avez mis	avez pris
ils/elles	ont apporté	ont mis	ont pris

c. Racontez la journée de Monsieur Letellier.

9 heures   **de 9h 30 à 11h 30**

12 heures   **16 heures**

18 heures

d. Observez.

J'ai mis les serviettes **dans** le tiroir.

e. Faites une phrase au passé composé en utilisant les éléments donnés.

Exemple : bureau – mettre – je – lampe
→ J'ai mis la lampe sur le bureau.

1. mettre – nous – étagère – tes – CD →

2. vous – ranger – armoire – vos – vêtements →

3. accrocher – mur – affiches – tu – tes →

4. apporter – chez – on – ordinateur –toi – ton →

② Les adjectifs possessifs

a. Écoutez et observez.

1. — Tu aimes **ta** chambre ?

— **Ma** chambre ? Oui, bien sûr, elle est super !

— Tu as rangé **tes** affaires ?

— Oui, **mes** CD et **mes** livres sont sur l'étagère et **mon** ordinateur est sur le bureau.

— Je voudrais visiter. Je peux ?

— Oui, tu peux venir avec **ton** amie Jeanne.

2. — Où est la chambre de Vincent ?

— **Sa** chambre est dans le Quartier latin, près de **son** université.

— Et **ses** amis sont dans le quartier ?

— Oui, ils habitent à côté.

Les adjectifs possessifs

		singulier	pluriel
1ʳᵉ personne	masculin	mon	mes
	féminin	ma *(devant une consonne)* mon *(devant une voyelle + h muet)**	
2ᵉ personne	masculin féminin	ton ta	tes
3ᵉ personne	masculin féminin	son sa	ses

Exemples : Une amie m mon / ton / son amie

ON EMPLOIE LES POSSESSIFS

• pour exprimer un lien d'appartenance :
ma chambre

b. Complétez les dialogues avec les adjectifs possessifs.

1. ÉMILIE : Comment tu as rangé … meubles, dans … chambre ?

VINCENT : … lit est à côté de … bureau.

É. : Et … armoire ?

V. : … armoire est à droite de la fenêtre.

É. : Et … vêtements ?

V. : Dans l'armoire, bien sûr !

2. JEANNE : Le frère d'Émilie a loué une chambre, il a déménagé … affaires lundi.

LUCIE : Ah bon, … frère a une chambre à Paris, et c'est loin de … université ?

J. : Non, c'est à côté.

③ Les adjectifs démonstratifs

a. Écoutez et observez.

— Vous aimez **cette** chambre ?

— Oui, et j'aime aussi **ce** quartier.

— **Cet** après-midi à 16 heures, on peut visiter la chambre rue Saint-Dominique ?

— Ah non, **cet** après-midi, j'ai un rendez-vous.

— Alors, **ce** soir ?

— **Ce** soir, d'accord !

Les adjectifs démonstratifs

	singulier	pluriel
masculin	ce cet*	ces
féminin	cette	ces

* devant une voyelle et *h* muet

ON EMPLOIE LES DÉMONSTRATIFS

• pour préciser ou désigner un objet ou une personne
• pour préciser un moment de la journée

b. Associez ces éléments pour faire une phrase.

Je voudrais louer
{
ce
cet
cette
ces
}
chambre
appartement
studio
places de parking
garage
maison
caves

c. Complétez ce dialogue avec les adjectifs démonstratifs.

— … matin, j'ai pris le métro pour aller place Saint-Michel. J'aime … place et le Quartier latin. Je voudrais habiter … quartier.

— Vincent a une chambre dans … immeuble.

— C'est sympa pour lui, … quartier est super !

④ *Oui* ou *si* ?

a. Observez.

— Tu **n'as pas** le CD des Bing-Bang ?

— **Si**, il est dans le tiroir.

OUI : réponse positive à une question affirmative
SI : réponse positive à une question négative

OUTILS

grammaire

b. Trouvez les questions.

1. 💬 .... ? — Oui, j'ai rangé mes affaires.
2. 💬 .... ? — Si, ça y est, j'ai déménagé.
3. 💬 .... ? — Si, Vincent habite le Quartier latin.
4. 💬 .... ? — Oui, Monsieur Lepic est le propriétaire de Vincent.
5. 💬 .... ? — Si, Vincent travaille chez Atmosphéris.
6. 💬 .... ?— Oui, Vincent est locataire.

c. Écoutez les questions et répondez par *oui* ou par *si*. Cochez la bonne réponse.

	oui	si			oui	si
1.	☐	☐		3.	☐	☐
2.	☐	☐		4.	☐	☐

Notes de grammaire

c'est *est utilisé pour présenter*

› *une personne* : C'est ma sœur.
  C'est + prénom ou c'est + nom
  C'est Émilie.   C'est Monsieur Lepic.

› *un objet* : C'est ma chambre.

il y a *est utilisé pour localiser.*
Entre le lit et la porte, **il y a** l'armoire.

prendre
Tu prends un coca ou un jus d'orange ?
(= Tu veux un coca ou un jus d'orange ?)

Je prends le R .E. R. (= je voyage par le R. E. R.)

son
NE PAS CONFONDRE
  son adjectif possessif singulier : **son lit** et **sont**
  3ᵉ personne du pluriel du verbe *être* : **ils sont**.

phonétique

1 Oralité / nasalité

Écoutez. Mettez une croix lorsque vous entendez une voyelle nasale.

1. ☐ 2. ☐ 3. ☐ 4. ☐ 5. ☐ 6. ☐
7. ☐ 8. ☐ 9. ☐ 10. ☐

2 Voyelles nasales /ɛ̃/, /ã/, /ɔ̃/

a. Écoutez et répétez.

b. Écoutez à nouveau. Mettez une croix dans la case correspondant au son entendu.

	1.	2.	3.	4.	5.	6.	7.	8.	9.	10.
/ɛ̃/										
/ã/										
/ɔ̃/										

graphie

3 /ɛ̃/, /ã/, /ɔ̃/

Écoutez. Écrivez les mots dans la colonne du son entendu.

Exemple : latin – chambre – maison – bien – télévision – patient – moins

peinture – boulangerie – entrée – un – train – sympathique – envoyer – coin – emporter – ombre – chemin – impossible – paon – chien – réunion – étudiant

/ɛ̃/	/ã/	/ɔ̃/
latin	chambre	maison
bien	patient	télévision
moins	......	......
......	......	....

4 Écoutez. Écrivez les mots entendus puis mettez-les au féminin.

Attention !
Au féminin, la voyelle nasale devient orale.

5 Dictée

PARLER

1. Trouvez les 8 différences et décrivez-les :

a

b

LIRE - ÉCRIRE

2. Monsieur Lepic voudrait déménager :

a. Il cherche un appartement à louer à Franceville. Il écrit à une agence immobilière de Franceville.

> Monsieur,
>
> Je cherche un appartement à Franceville dans un immeuble avec ascenseur et parking. Je préfère un étage élevé. Je voudrais deux chambres. Pour le loyer, je peux payer 600 euros par mois maximum.
>
> M. Lepic

b. L'agent immobilier consulte ces annonces. Quelle annonce correspond à la demande de Monsieur Lepic ?

ANNONCES

A

F4 100m²
À vendre
5 km / Franceville
5ᵉ étage, asc.
2 ch., entrée,
salon, salle à
manger, cuis., sdb,
parking.

210 000 euros

B

F5 105m2
À louer
Quartier de l'église
à Franceville
7ᵉ étage, immeuble 70,
asc., 3ch., salon, salle
à manger, cuis., 2 sdb,
parking, cave.

750 €/mois

c. Vous recherchez un appartement à acheter ou à louer à Franceville, rédigez une lettre répondant à l'une des 4 annonces restantes.

d. Rédigez une annonce pour louer ou vendre votre appartement.

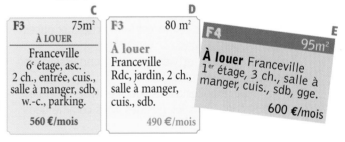

C

F3 75m²
À LOUER
Franceville
6ᵉ étage, asc.
2 ch., entrée, cuis.,
salle à manger, sdb,
w.-c., parking.

560 €/mois

D

F3 80 m²
À louer
Franceville
Rdc, jardin, 2 ch.,
salle à manger,
cuis., sdb.

490 €/mois

E

F4 95m²
À louer Franceville
1ᵉʳ étage, 3 ch., salle à
manger, cuis., sdb, gge.

600 €/mois

ÉCOUTER

3. Écoutez. Monsieur Lepic a trouvé un appartement en location à Franceville. Il décrit son appartement à Monsieur Letellier. Quel est son appartement ?

1
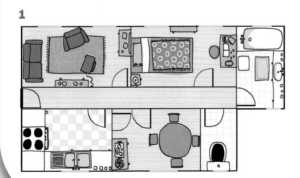

2
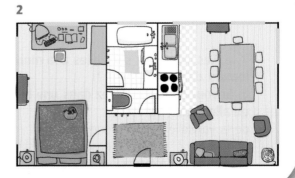

situations

Vie pratique

Pour devenir locataire...

Vous devez :
- avoir un revenu trois fois supérieur au loyer ;
- fournir vos trois derniers bulletins de salaire (ou le montant de vos impôts) ;
- verser une caution (en général deux mois de loyer) ;
- signer un bail de location (en général de trois ans) ;
- avoir un garant : une personne qui signe le bail avec vous ;
- et ensuite fournir une attestation d'assurance.

1. Vous avez rendez-vous avec un propriétaire pour louer un appartement.
Qu'allez-vous lui dire pour être choisi comme locataire ?
Jouez la scène.

L'œil du sociologue

Beaucoup de Français aiment récupérer et retaper des meubles ou objets anciens. Ils peuvent en acheter sur les **marchés aux puces**, où l'on vend des objets d'occasion (meubles, vaisselle, vêtements, livres, etc.) : le plus connu est le marché aux puces de Saint-Ouen, à Paris.

Puces*, brocantes et vide-greniers connaissent un succès de plus en plus grand.

Vingt mille manifestations de ce type ont lieu chaque année, dans les grandes villes comme dans les petits villages.

C'est un lieu de promenade et de convivialité.

Les gens sont heureux de posséder un objet unique moins banal qu'un meuble neuf.

---

* Ici, terme familier pour « marché aux puces » : *les puces de Saint-Ouen*.

2. a. Les brocantes sont-elles à la mode également dans votre pays ?
b. Si vous vous promenez dans une brocante, qu'allez-vous acheter ?

de la vaisselle ?   une lampe ?
une statue ?   des cartes postales ?

c. Expliquez l'expression *vide-grenier*.
d. Connaissez-vous des marchés aux puces ?

Le journal *à plusieurs voix*

lucielepavec.Paris@Fraa.fr.

Ça y est, j'ai trouvé la maison de mes rêves !
Un grand salon, une grande cuisine, un bureau
ensoleillé et trois chambres. Mon petit copain rêve
déjà des soirées au coin du feu, à écouter ses CD
préférés. Moi, je vais pouvoir me consacrer à la déco.
J'ai repéré une salle des ventes et puis, dans la
région, il y a beaucoup de vide-greniers. Inutile de
vous dire que la maison vous est ouverte.
J'espère vous voir bientôt.

emilieletellier.Franceville@Hitmail.fr

Décidément, tout le monde s'installe. Moi je rêve
d'un appartement à Paris. Pour le moment,
je récupère la chambre de Vincent quand il n'est
pas là, et le week-end, quand il vient à la maison,
je vais à Paris...

jeannekeller.Strasbourg@Fraa.fr.

Moi, en tout cas pour un week-end à Paris, je suis
d'accord !

À VOUS !

**Entrez sur le forum. Vous avez acheté la
maison de vos rêves. Vous expliquez l'archi-
tecture de cette maison et comment vous
l'avez décorée.**

Le scénario *de Maxime Garin*

Hélène arrive à une gare de banlieue, sort de la gare.
Elle passe devant la mairie, prend la première rue à
gauche. Yvan la suit toujours.
Elle arrive devant la porte d'un immeuble, fait le code.
Elle entre au rez-de-chaussée. Elle pose son manteau
sur le portemanteau. Elle allume l'ordinateur et va dans
la cuisine, revient à l'ordinateur.
Il suit tous ces mouvements de l'extérieur.

Elle écoute un message sur son répondeur :
« Hélène, ils ont retrouvé ta trace ! Quitte
ton travail et ton appartement le plus vite
possible. Rendez-vous où tu sais. »
Elle a l'air terrifiée, range ses affaires
dans une valise. Avant de partir,
elle prend une lettre sur le bureau et
quitte l'appartement.

**> Vous devez donner
au metteur en scène
une description
détaillée du logement
d'Hélène.**

En poème *ou en chanson* 🎧

Une table,	À Paris	À Paris	À Paris	À Paris
Une chaise,	Sous les toits,	Sous les toits,	Sous les toits,	Sous les toits,
Un lit,	Je cherche	Je cherche	Je cherche	J'ai trouvé
Pour moi c'est bien	une chambre	une chambre	une chambre	une chambre
assez !	pour m'abriter	Pour rêver,	pour chanter.	à partager…
	Avec des fleurs,	Pas de téléphone,	Et puis	
	Des couleurs,	Pas de bruit,	Le samedi,	
	Des tapis	Pas de télé,	Le bruit,	
	Et des photos	Seulement les airs	La fête,	
	de mes amis.	que je préfère.	Les amis	
			Que j'ai choisis.	

5 UNITÉ Petits boulots

oral

Entretien 🎧

VINCENT : Bonjour, je voudrais parler à Monsieur Barot.
LA SECRÉTAIRE : Attendez, un instant, s'il vous plaît.
LA SECRÉTAIRE : Monsieur Barot est parti ?
LA COMPTABLE : Oui, il est allé à une réunion à l'extérieur.
LA SECRÉTAIRE : Désolé, il est sorti.
C'est à quel sujet ?
VINCENT : Je suis Vincent Letellier. J'ai répondu à votre annonce.
LA SECRÉTAIRE : Ah oui ! rappelez dans vingt minutes.

VINCENT : Allô, Sylvain, c'est Vincent.
SYLVAIN : Salut Vincent.
VINCENT : Tu sais, le poste chez Atmosphéris, je l'ai.
SYLVAIN : Formidable !
VINCENT : C'est simple, j'ai téléphoné, j'ai obtenu un rendez-vous.
Je suis allé voir le responsable… et voilà !

VINCENT : Bonjour, j'ai appelé il y a vingt minutes. Je voudrais parler à Monsieur Barot, s'il vous plaît.
LA SECRÉTAIRE : Oui, il est revenu. Ne quittez pas.
LA SECRÉTAIRE : Monsieur Barot, c'est pour vous. C'est Vincent Letellier, il appelle à propos de l'offre d'emploi.
MONSIEUR BAROT : Ah oui… je le prends…
VINCENT : Bonjour Monsieur, c'est Vincent Letellier à l'appareil.
M. BAROT : Vous pouvez passer à mon bureau demain après-midi pour un entretien ?
16 heures 30, ça vous convient ?
VINCENT : Oui, tout à fait, merci beaucoup.
M. BAROT : Donc, à demain, à 16 heures 30.

> **Les pronoms personnels compléments d'objet direct** (3ᵉ personne) :
le, la, l', les

Monsieur Barot, vous pouvez le contacter…
Tu sais, **le poste** chez Atmosphéris, je l'ai.

> **Le passé composé avec l'auxiliaire** *être* :
Je **suis entré(e)** dans une école où je **suis resté(e)** deux ans.

Offres d'emploi

@tmosphéris

@tmosphéris recrute des étudiants.

Description du poste :

🖱 Vous êtes passionné de multimédia et intéressé par la vente de nouveaux produits en grands magasins, grandes surfaces et magasins spécialisés.

🖱 Adapté à votre emploi du temps et à votre région, ce travail est à la fois utile et agréable : nouvelles connaissances, développement de votre sens commercial, et bien sûr, rémunération intéressante.

Envoyez par message électronique votre C.-V. à l'attention de Mademoiselle Adélaïde Gaclet à l'adresse suivante :

a.gaclet@atmospheristm.com

Votre annonce m'intéresse.
Après deux ans d'études en informatique à l'université, je suis entré dans une école de commerce où je suis resté deux ans.

Veuillez trouver ci-joint mon C.-V. complet en document attaché.

Monsieur Barot, responsable des ventes, est intéressé par votre candidature. Vous pouvez le contacter au 01 40 51 48 16 pour prendre rendez-vous.

activités

1. **À votre avis, Vincent a trouvé quel emploi ?**

2. **Relevez les expressions utilisées pour téléphoner.**

3. **Observez la construction des verbes au passé composé. Que remarquez-vous ?**

> **Les adjectifs possessifs :**

singulier	pluriel	
notre	**nos**	
votre	**vos**	**Votre** annonce m'intéresse.
leur	**leurs**	

OUTILS

1 La conversation téléphonique

a. Écoutez et observez. 🎧

Monsieur Barot est dans son bureau.

Ligne directe
{
VINCENT : **Allô** ? Bonjour, je voudrais parler à Monsieur Barot.
MONSIEUR BAROT : C'est moi.
V. : C'est Vincent Letellier **à l'appareil**.
}

Le secrétariat
{
V. : **Allô** ? Bonjour, je voudrais parler à Monsieur Barot.
LA SECRÉTAIRE : **C'est de la part de qui ?**
V. : **C'est de la part de** Vincent Letellier.
S. : **Ne quittez pas, je vous le passe.**
… **Sa ligne est occupée**, vous patientez ou vous rappelez ?
}

Monsieur Barot est sorti.

Le secrétariat
{
V. : **Allô** ? Bonjour, je voudrais parler à Monsieur Barot.
S. : Monsieur Barot est sorti, vous pouvez **rappeler** dans une heure ?
V. : D'accord, **je rappelle** plus tard.

V. : **Allô** ? Bonjour, je voudrais parler à Monsieur Barot.
S. : Monsieur Barot est sorti, vous voulez **laisser un message** ?
}

b. Complétez cette conversation téléphonique. 🎧

— Allô ? Bonjour, ………… parler à Monsieur Laplace.
— ………………… ?
— De la part de Lucie Lepavec.
— Oui …………, je vous passe Monsieur Laplace.
[…] ………………… est occupée, vous patientez ou ………………… ?
— Je rappelle.

c. Écoutez la conversation téléphonique 🎧 et cochez la bonne réponse.

	VRAI	FAUX
1. Lucie Lepavec appelle Mademoiselle Gaclet sur sa ligne directe.	☐	☐
2. Mademoiselle Gaclet est sortie.	☐	☐
3. Le poste de Mademoiselle Gaclet est occupé.	☐	☐
4. Lucie Lepavec laisse un message.	☐	☐
5. Lucie Lepavec patiente.	☐	☐
6. Lucie Lepavec rappelle dans 20 minutes.	☐	☐

2 L'emploi

Associez chaque personne à une annonce.

A

VOUS ÊTES DEMANDEUR D'EMPLOI.

L'Agence nationale pour l'emploi (ANPE)

propose
une formation rémunérée
en infographie.

*Retirer un dossier
de candidature
au bureau DE 3.*

C

Vous êtes communicatif.
Vous aimez la vente
et vous avez
le permis de conduire.

LES GRANDS MAGASINS UNIS
engagent

▼

un responsable des ventes

Contrat à durée
indéterminée (CDI) et
rémunération intéressante.

▼

*Envoyez votre curriculum
vitae et une lettre de
motivation manuscrite à :
Mademoiselle Lepine
74 boulevard Haussman
75008 Paris.*

B

Vous parlez des langues étrangères, vous cherchez un job cet été.

AVENIR

L'agence d'intérim recrute des agents d'accueil en contrat à durée déterminée (CDD).

Contactez Madame Azria au 01 52 89 36 25

1 Je suis **employé** à la Poste. Je voudrais changer d'**emploi**, je recherche **un emploi fixe**, en **CDI**. J'aimerais travailler dans la vente.

2 Je suis au **chômage**, je voudrais faire **un stage** en graphisme.

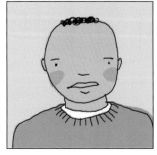

3 Je fais des études d'anglais. Je cherche **un petit boulot** pour cet été.

3 Les qualités pour un emploi

Quelles sont les qualités nécessaires pour exercer ces professions ?

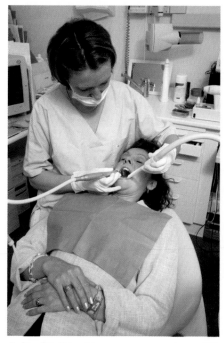

Je suis :
patient(e) – minutieux(-euse)
disponible – communicatif(-ive)
compétent(e) – dynamique
sérieux(-euse) – discret(-ète)
organisé(e) – ouvert(e)
créatif(-ive)

Je connais Windows XP,
Mac OS, Word, Excel,
Photoshop...

Je parle des langues
étrangères.

J'ai :
de l'expérience
l'esprit d'équipe
le sens relationnel
le sens des affaires
des diplômes universitaires
le permis de conduire
une bonne présentation

1. La dentiste

Je maîtrise les outils
informatiques.

3. La secrétaire

2. Le professeur des écoles

4. Le directeur artistique

4 Jouez la scène

Cet emploi vous intéresse, vous téléphonez à Monsieur Pasquier, le directeur des Ressources humaines.

Allô ? Bonjour
....

L'agence d'intérim
AVENIR
recrute
ASSISTANT RESSOURCES HUMAINES
en CDD
Mission : Recherche de CV
Contact avec les candidats
Gestion du fichier des candidats
Participation aux entretiens d'embauche
Profil : Bac + 3

OUTILS

grammaire

1 Le passé composé (suite)

a. Écoutez et observez.

— Vous avez fait des études ?
— Oui, j'ai fait des études de journalisme.
— Où ?
— Je **suis entrée** à l'école de journalisme de Lille.
— Vous **êtes restée** dans cette école ?
— Non, je **suis partie** et je **suis allée** à l'université de Caen.

> **LE PASSÉ COMPOSÉ**
>
> • Il se forme avec l'auxiliaire *avoir* ou *être* au présent + un participe passé.
> • On utilise l'auxiliaire *être* avec les verbes suivants :
> ***aller – entrer – rentrer – arriver – venir – revenir – sortir – partir – passer – rester*** (…)
> • Avec l'auxiliaire *être*, LE PARTICIPE PASSÉ s'accorde en genre et en nombre avec le sujet.
>
> *Exemples : Elle est entrée. Il est entré.*

b. Mettez les verbes entre parenthèses au passé composé et accordez les participes passés si nécessaire.

1. Nous *(sortir)* ce matin à 8 heures.
2. Vous *(aller)* à un rendez-vous ?
3. Émilie Letellier *(passer)*, elle *(rester)* une heure dans le bureau.
4. Nous *(arriver)* à 11 heures au bureau.
5. Madame Barot et Émilie Letellier *(partir)* déjeuner au restaurant à coté.

Le passé composé de l'indicatif avec *être*

	verbes réguliers en -er entrer
j'	suis **entré(e)**
tu	es **entré(e)**
il/elle	est **entré(e)**
on	est **entré(e)s**
nous	sommes **entré(e)s**
vous	êtes **entré(e)s**
ils/elles	sont **entré(e)s**

	sortir partir
j'	suis **sorti(e)**
tu	es **sorti(e)**
il/elle	est **sorti(e)**
on	est **sorti(e)s**
nous	sommes **sorti(e)s**
vous	êtes **sorti(e)s**
ils/elles	sont **sorti(e)s**

c. Racontez.

9 heures   **10 heures**

16 heures   **de 16 heures à 18 heures**

20 heures

2 Les adjectifs possessifs (suite)

a. Transformez ce texte ; remplacez *Vincent* par :
1. *Vincent et Émilie* – **2.** *nous* – **3.** *vous*

C'est super pour Vincent !
Vincent a **sa** chambre à Paris. **Sa** chambre est calme et agréable. Il aime **son** quartier. Il travaille chez Atmospheris, **son** travail est intéressant.
Ses parents habitent Franceville. **Leur** maison est à côté de la gare.

Les adjectifs possessifs

	singulier	pluriel
1ʳᵉ personne (nous)	notre	nos
2ᵉ personne (vous)	votre	vos
3ᵉ personne (ils, elles)	leur	leurs

3 Les prépositions *à, pour, avec* + pronoms toniques (rappel)

a. Transformez ce dialogue : remplacez *le chef de service* par :

1. *la secrétaire*
2. *le responsable des ventes et la secrétaire.*

prépositions + pronoms toniques

à pour avec	moi toi lui/elle	nous vous eux

— J'ai le poste chez Atmosphéris.
— C'est super, cet emploi est **pour toi** !
— Je travaille **avec** le chef de service.
— Ah bon, tu travailles **avec lui** !

b. Complétez les phrases par un pronom tonique.

1. Je vais au cinéma, tu peux venir **avec** ......
2. Lucie va au cinéma, j'ai rendez-vous **avec** ......
3. Vous aimez la vente, ce travail est **pour** ......
4. Tu as le permis de conduire, cette voiture est **à** ......
5. Cette chambre est à Vincent et à moi, elle est **à** ......

4 Les pronoms compléments d'objet direct

a. Écoutez et observez.

— Tu sais, **le poste** chez Atmosphéris, je **l'**ai !
— Tu **l'**as, c'est super !
— Tu prends **le métro** pour aller travailler ?
— Oui, je **le** prends tous les jours.

Les pronoms COD

	singulier	pluriel
masculin	le / l'*	les
féminin	la / l'*	les

* *l'* devant une voyelle ou un *h* muet

PRONOMS :
• pour ne pas répéter un mot, on utilise un pronom.

b. Associez les questions et les réponses.

1. Tu prends **le train** à 6 h 00 le matin ?
2. Vous avez **votre carte d'identité** ?
3. Tu attends **Émilie et Vincent** ?
4. Vous rappelez **Madame Barot** dans 10 minutes ?
5. Où tu as mis **les CD** ?

a. Non, je ne **l'**ai pas.
b. Oui, je **la** rappelle.
c. Oui, je **le** prends à 6 h 00.
d. Je **les** ai mis dans le tiroir.
e. Oui, je **les** attends.

c. Répondez à la question : utilisez les pronoms compléments *le, la, l', les*.

1. — Vous aimez **ce travail** ?
   — Oui, ... beaucoup.
2. — Vous prenez **le R.E.R.** pour aller au travail ?
   — Oui, ... tous les jours.
3. — Monsieur Barot, vous prenez **Madame Letellier** au téléphone ?
   — Oui, ... dans 5 minutes.
4. — Vous rangez **vos affaires** ?
   — Oui, ... dans le tiroir.

d. Écoutez la question et répondez en employant un pronom complément.

Exemple :
— Vincent loue **la chambre** rue Christine ?
— Oui, il **la** loue.

1. ....   4. ....
2. ....   5. ....
3. ....

e. Imaginez une question pour ces réponses.

1. Oui, je les regarde tous les jours. → ...... ?
2. Oui, il l'a contacté. → ...... ?
3. Non, nous les rangeons dans la cave. → ...... ?
4. Non, je l'ai apporté dans mon studio. → ...... ?
5. Oui, je les appelle le lundi et le mardi. → ...... ?
6. Je l'écris sur la fiche de renseignements. → ...... ?
7. Si, je la connais. → ...... ?

OUTILS

Notes de grammaire

prendre (suite)
— C'est Monsieur Letellier à l'appareil.
— Oui, je le prends.

savoir ≠ **connaître**

› savoir + *infinitif*
Je sais parler deux langues.

› connaître + *nom commun*
Je connais l'informatique.

› connaître + *nom propre*
Je connais Monsieur Letellier.

dans *indique une action qui se passera*

› *après le moment où on parle :*
Rappelez **dans** vingt minutes.

il y a *indique une action qui s'est passée*

› *avant le moment où on parle :*
J'ai appelé **il y a** vingt minutes.

dans   NE PAS CONFONDRE

dans préposition de **temps** : **dans** une heure
et
dans préposition de **lieu** : **dans** la chambre

---

phonétique

1   /e/ fermé et /ɛ/ ouvert

Mettez une croix dans la case 🎧
du son entendu.

Exemples : 1. Je fais une lettre. → On entend le son
/ɛ/ **ouvert** dans *fais, lettre.*
2. Vous avez rendez-vous ? → On entend le son
/e/ **fermé** dans *avez, rendez-vous.*

	1.	2.	3.	4.	5.	6.	7.	8.	9.	10.	11.	12.
/e/ = fermé		✔										
/ɛ/ = ouvert	✔											

2   /o/ et /ɔ/

Mettez une croix dans la case 🎧
du son entendu.

Exemples : 1. Atmosphéris offre des emplois. → On
entend le son /ɔ/ **ouvert** dans *Atmosphéris, offre.*
2. J'ai autre chose à dire. → On entend le son /o/
fermé dans *autre, chose.*

	1.	2.	3.	4.	5.	6.	7.	8.	9.	10.	11.	12.
/o/ = fermé		✔										
/ɔ/ = ouvert	✔											

3   /ø/ et /œ/

Mettez une croix dans la case 🎧
du son entendu.

Exemples : 1. Je veux te le dire. → On entend
le son /ø/ **fermé**.
2. J'ai passé des heures, seule.
→ On entend le son /œ/ **ouvert**.

	1.	2.	3.	4.	5.	6.	7.	8.	9.	10.
/ø/ = fermé		✔								
/œ/ = ouvert	✔									

---

graphie

4   Cherchez dans la page 58 les mots qui contiennent les sons /e/, /ɛ/, /o/, /ɔ/, /ø/, /œ/. Écrivez-les dans la bonne case du tableau. Observez toutes les manières possibles d'écrire chaque son.

a.

/e/ = fermé	/ɛ/ = ouvert
j'**ai** – achet**é** – caf**é**	pl**aî**t – mademois**e**lle
......	......

b.

/o/ = fermé	/ɔ/ = ouvert
v**o**s – ph**o**t**o**s	passi**o**nne
......	......

c.

/ø/ = fermé	/œ/ = ouvert
je – v**eu**x – te – l**e**	s**eu**le
......	......

5   Dictée 🎧

PARLER

1. **Racontez :**

a. **Votre formation.**
J'ai fait des études…

b. **Comment vous avez trouvé un emploi.**
J'ai téléphoné… J'ai obtenu un rendez-vous.

 LIRE

2. **Sélectionnez les candidats.**

Vous travaillez dans un cabinet de recrutement.
Regardez dans votre fichier et associez une fiche
à chaque annonce.

1

CVR IMMOBILIER
recrute

AGENT IMMOBILIER

pour ses agences
Paris 15ᵉ
Versailles (78)

Formation interne
Voiture indispensable
Bonne présentation
Salaire + %

Envoyez C.V. + photo
+ lettre de motivation
manuscrite.
BP 112
78150 Le Chesnay
ou tél. 01 39 05 13 13

2

LOVINEZ Société financière
d'expertise comptable
Fontenay-sous-Bois (94)
Recrute
▼
Assistante de Direction

Profil : BTS exigé, dynamique,
aisance téléphonique
Maîtrise des outils informatiques
Bilingue anglais

Description du poste :
Suivi des dossiers
Correspondance avec nos clients
▼
Contacter Monsieur Andron
au 01 43 84 56 33.

3 rue du Lac, 77100 MELUN

3

RestoRapide
Leader de la restauration rapide

Dans le cadre de notre développement,
nous recrutons pour nos restaurants
de Paris et la région parisienne

5 SERVEUSES 25/35 ans

Dynamique, esprit d'équipe, disponible

Envoyez C.V. + lettre de motivation.
Candidature@restorapidewww.com

4

Le magasin **Mode Chic**

recherche
VENDEUR
H/F

▶ Bonne présentation
▶ Aisance relationnelle
▶ Maîtrise des outils
informatiques
▶ Anglais souhaité

Merci d'envoyer C.V. + photo
Recrutement@mode.com
157, rue du Faubourg St Honoré
75008 Paris

A

Amel BERREBI
7, avenue Léon
Blum
13013 Marseille
Tél. : 06 23 85 65 44

25 ans
Française

FORMATION
• École hôtelière à Biarritz

EXPÉRIENCE
PROFESSIONNELLE
• 2002-2006 : serveuse chez
Grillboeuf

Langues
• français, anglais, arabe

Divers
• théâtre

B

Louis PASTOR
10, rue Alfred Couturier
78160 Marly le Roi
Tél : 01 42 25 70 81

26ans
Belge

Formation :
• EZAC École de commerce
Expérience professionnelle :
• 2001-2005 : conseiller immobilier
chez MIF Immo
Langues : italien, anglais
Divers : Sport

C

Jules DELAGRANGE   30 ans
45, rue de Trevisse   Français
75009 Paris
Tél : 01 45 05 10 63

Formation : École de commerce
Expérience professionnelle :
2000-2006 : vendeur chez Carrelec
vêtements de luxe.
Informatique : connaissance Word,
Excel,PowerPoint
Langues : bonnes connaissances
anglais, espagnol
Divers : Vie associative

D

VATTEL Sophie
90, rue de la Haie
93300 Aubervilliers
tél : 01 56 78 63 23

35 ans
Française

FORMATION
• BTS SECRÉTARIAT ET COMPTABILITÉ

EXPÉRIENCE PROFESSIONNELLE
1999-2002 : COMPTABLE
2002-2006 : SECRÉTAIRE DE DIRECTION
INFORMATIQUE : CONNAISSANCE LOGICIELS
WORD — EXCEL WINDOWS XP / MAC

Langues
BILINGUE ANGLAIS/FRANÇAIS

Divers
VOYAGES

 ÉCRIRE

3. **Rédigez un C.V. pour poser votre candidature**
à l'une des offres d'emploi de l'exercice 2.

ÉCOUTER

4. **Écoutez les dialogues : associez-les à une**
annonce de l'exercice 2.

Dialogue 1. → Annonce…   Dialogue 3. → Annonce…

Dialogue 2. → Annonce…   Dialogue 4. → Annonce…

situations

DOCUMENTS

Vie pratique

Le droit de travailler

Pour travailler, les étudiants étrangers doivent avoir une autorisation provisoire de travail : l'A.P.T.

● Pour l'obtenir, il faut :
- bénéficier de la sécurité sociale étudiante ;
- ne pas être boursier du gouvernement français ;
- être au moins dans sa deuxième année d'études en France ;

● Il faut également fournir de nombreux documents comme :
- le titre de séjour ;
- la carte d'étudiant de l'année et celle de l'année précédente ;
- un justificatif de domicile ;
- un engagement de travail établi par le futur employeur ;
- une demande écrite ;
- des photos d'identité.

● C'est le préfet qui donne l'autorisation. Pour la loi, le travailleur étranger a les mêmes droits que le travailleur français. L'étudiant peut travailler vingt heures par semaine pendant l'année universitaire, et à plein temps de juin à octobre.

1. Vrai ou Faux ?

Pour avoir l'autorisation provisoire de travail (A.P.T.) quand on est étudiant étranger, il faut :

	V	F
a. avoir trouvé un logement.	☐	☐
b. donner son passeport au préfet.	☐	☐
c. écrire une lettre.	☐	☐
d. être inscrit en première année d'université.	☐	☐
e. avoir trouvé un employeur.	☐	☐
f. être boursier.	☐	☐

L'œil du sociologue

Travailler à la maison

Le travail à distance ou télétravail concerne presque 1,5 million de personnes – soit 6,8 % des actifs. C'est un faible pourcentage des actifs (comparé à d'autres pays comme les États-Unis ou l'Angleterre) mais la presse en parle souvent et beaucoup de gens pensent que c'est la solution idéale.

Il se développe dans les secteurs de la communication, des banques et des assurances, de la traduction, du secrétariat et du journalisme.

Pour les entreprises, cela permet avant tout de réduire les surfaces des bureaux.

Pour les employés, les avantages principaux sont l'autonomie, le choix des horaires, la suppression du temps de transport.

Le télétravail permet aussi aux Parisiens et aux habitants des grandes villes de partir à la campagne. On pense que cette nouvelle façon de travailler peut aider à mieux équilibrer la population sur le territoire.

2. a. Le télétravail est-il développé dans votre pays ?
b. Voudriez-vous travailler chez vous ?
c. Cherchez des côtés négatifs au fait de travailler chez soi.

Le journal à plusieurs voix

adrienpetit.Toulouse@Yahuu.fr

Bonjour ! Je change de travail. On me propose un poste d'informaticien dans une entreprise de restauration rapide, à 5 minutes de mon appartement. Mon courriel va changer, c'est :
adrienpetit11@wanaduu.fr

emilieletellier.Franceville@Hitmail.fr

Moi, je cherche un job pour cet été. Mais pas baby-sitter ! Je garde déjà des enfants à Franceville, ça suffit. J'aimerais bien faire de la figuration dans un film, par exemple. Hugo, toi qui travailles avec des artistes, tu pourrais pas m'aider ?
Ou alors, dans un restaurant.

hugomaturin.Marseille@Yahu.fr

Si tu veux, j'ai un travail pour toi, j'ai trouvé une annonce dans le petit journal du quartier pour faire serveuse dans un camping sur la Côte d'Azur, c'est bien payé et tu peux aller à la plage l'après-midi. Je t'envoie l'annonce :
Le camping La Vallée recherche serveuse pour le snack. Vous devrez prendre les commandes et servir les clients.
Contactez Monsieur Geslin :
CampinglavalléeNice@yahu.fr

À VOUS !

Entrez sur le forum. Profitez des contacts d'Hugo pour lui demander s'il peut vous aider à trouver un job cet été.

Le scénario de Maxime Garin

Hélène arrive devant une agence d'intérim, elle regarde les annonces dans la vitrine. Elle entre dans l'agence.

> **Hélène cherche un travail qu'elle peut faire chez elle pour rester cachée.**
Imaginez le dialogue avec la responsable de l'agence d'intérim. Quel emploi peut-elle trouver ?

En poème ou en chanson

Sérieux,
Passionné,
Expérimenté,
Quatre ans
d'université,
Regardez mon C.V.
J'ai toutes
les qualités !

D'accord, d'accord,
Expérience
professionnelle…
Mais laquelle ?

Gardien d'hôtel
À Noël,
Informaticien
En juin,
Vendeur
À mes heures,
Vous voyez bien,
C'est sur mon C.V.

Sérieux,
Passionné,
Expérimenté,
Quatre ans
d'université,
Regardez mon C.V.
J'ai toutes
les qualités !

Bien, bien, bien !
Mais quelle est
votre spécialité ?

Mathématiques,
Physique,
Aéronautique,
Informatique,
Vous voyez,
J'ai tout essayé.
Sérieux,
Passionné,
Expérimenté,
Quatre ans
d'université,
Regardez mon C.V.
J'ai toutes
les qualités !

Bien sûr, bien sûr.
Mais vous êtes
diplômé ?

Quatre années
D'université,
Ce n'est pas assez ?
Les diplômes,
J'ai toute la vie
pour les passer.

6 Le resto U

oral

Enquête au resto U 🎧

L'ENQUÊTEUR : Qu'est-ce que vous pensez de ce restaurant universitaire ?
ÉMILIE : Il me paraît de bonne qualité, les repas sont équilibrés et la cuisine est très bonne.
VALENTINE : Pour moi, les portions sont insuffisantes.

L'ENQUÊTEUR : À votre avis, l'alimentation est-elle équilibrée ?
ÉMILIE : Ça dépend des jours…
VALENTINE : Moi, je trouve qu'il y a trop de féculents.
NORIKO : C'est trop gras…

L'ENQUÊTEUR : Y a-t-il assez de fruits et de légumes ?
ÉMILIE : Les fruits ne sont pas assez mûrs.
NORIKO : Il y a beaucoup de légumes verts, mais ils sont surgelés.
L'ENQUÊTEUR : Est-ce qu'il y a du poisson et de la viande tous les jours ?
ÉMILIE : Oui, je crois.
NORIKO : Moi, je ne mange pas de poisson au restaurant !
VALENTINE : Et moi, je ne mange pas de viande, je suis végétarienne.

L'ENQUÊTEUR : Que pensez-vous de l'accueil ?
VALENTINE : Excellent ! C'est sympathique, convivial.
ÉMILIE : Il y a trop de monde.

> **L'article partitif :**

masculin	féminin
du	de la, de l'*

* *l'* devant une voyelle et *h* muet

> **La quantité :**

Il y a **beaucoup de** légumes.
Il y a **beaucoup de** féculents.
Les fruits ne sont pas **assez** mûrs.

Les conseils du diététicien

frites
140 g

=

pâtes
250 g

+

râpé
130 g

+

2
oranges

F aites vos calculs

Vous voulez suivre un régime amaigrissant : c'est simple, choisissez la bonne formule !

Moins de graisse, plus de vitamines

▶▶140 grammes de frites (508 calories) sont plus grasses et plus caloriques que 250 grammes de pâtes, 130 grammes de fromage râpé et deux oranges.

▶▶Un double hamburger est plus riche en lipides et en glucides qu'un déjeuner composé d'un steak de 140 grammes, plus 200 grammes de haricots verts, plus du fromage et une banane.

▶▶Il y a autant de calories dans deux pommes de terre à l'eau que dans 30 grammes de chocolat.

▶▶Un verre de Coca-cola contient autant de calories qu'une part de poisson et moins de protéines.

92 **Diététique et santé** • *du 4 au 11 mai 2006*

activités

1. **Faites la liste des aliments et des boissons.**

2. **Relevez les expressions utilisées pour exprimer la quantité.**

3. **Quels sont les mots employés pour comparer ?**

OUTILS

vocabulaire

1 La nourriture – le repas

a. Regardez la liste et trouvez le nom des aliments et des boissons.

des tomates	du saucisson	des bananes
des côtelettes	du poulet	du poisson
un concombre	des courgettes	du vin
une tarte	des spaghettis	des œufs
aux pommes	des raisins	des carottes
des fraises	du camembert	du café
du jambon	du gruyère	

1. Les entrées

l'assiette de crudités

l'assiette de charcuterie

2. Le plat principal

de la volaille, de la viande

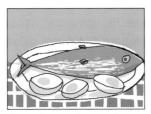
du poisson, des œufs

Avec des légumes   **du riz   des pâtes**

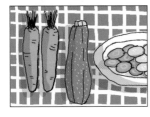

3. Les fromages   Les boissons

4. Les desserts

les gâteaux   la corbeille de fruits

b. Le cuisinier du « resto U » fait les courses pour le menu du jour.
À votre avis, qu'est-ce qu'il y a dans chaque plat ? Trouvez quelques ingrédients nécessaires pour cuisiner ces plats :

du gruyère	des œufs	du sucre
des fraises	des pommes	des pâtes
du sel	de terre	des haricots verts
du lait	des tomates	de l'huile
du bifteck haché	de la farine	du camembert
des côtelettes	du beurre	

Entrée

un œuf mayonnaise

Plat principal →
↓

du hachis Parmentier   des spaghettis bolognaise

Plateau de fromages   **Dessert**

un plateau de fromages   une tarte aux fraises

② Qualifier la nourriture

Classez les aliments suivants.

une fraise – un saucisson – une cerise – une glace – un citron – un steak – des frites – une orange – un poisson – de l'ail – du poivre – une courgette – des raisins – un abricot – de la mayonnaise – un pample-mousse – du vinaigre – du cacao – un piment.

a. Le goût

sucré(e) On mange cet aliment sucré.	
salé(e) On mange cet aliment salé.	
acide	
amer / amère	
épicé(e)	
fort(e)	

b. Votre avis

C'est excellent !

C'est bon !

C'est appétissant !

C'est mauvais !

C'est écœurant !

C'est gras !

c. La composition

riche en glucides	
riche en protides	
riche en lipides	
riche en vitamines	

③ Les quantités « déterminées »

1 kilogramme/**1kg** (de) = 1 000 grammes
une livre (de) = 500 grammes
une demi-livre (de) = 250 grammes
un litre (de)   **un demi-litre** (de)

a. Écoutez et complétez la liste des ingrédients nécessaires pour faire : 🎧

Les crêpes

1. un .... de lait.
2. une .... de farine
3. .... œufs.
4. une pincée de sel.

La soupe au pistou

1. .... de haricots verts
2. .... de courgettes
3. .... de carottes
4. .... de tomates
5. .... de gruyère râpé
     6 gousses d'ail
     6 cuillères d'huile d'olive, sel, poivre

b. Complétez cette commande.

— Je voudrais, ... crudités et .... vin.
— Moi, ... fromages et .... eau minérale.
— Pour moi ...... tarte aux pommes et .... café, s'il vous plaît.

> **Une unité = 1**
>
> **une** assiette **de** charcuterie = **une** charcuterie
>
> **une** tasse **de** café = **un** café
>
> **une** part **de** tarte aux pommes = **une** tarte aux pommes
>
>
>
> **un** verre **de** vin
>
> **une** bouteille **de** vin
>
> **une** demi-bouteille **de** vin

OUTILS

grammaire

1 L'article partitif

a. Observez.

— Que prenez-vous pour le déjeuner ?
— **Du** poisson ou **de la** viande ?
— Je prends **de la** viande.
— Vous n'aimez pas **le** poisson ?
— Si, j'aime **le** poisson, mais
je préfère **la** viande.

masculin	féminin
du	de la
	de l'*

* devant une voyelle ou
h muet

> **ON UTILISE L'ARTICLE PARTITIF**
> *du, de la, de l'* :
> • pour parler « d'une quantité indéterminée » d'un aliment :
> **du** coca, **du** café.
> Je prends **de la** charcuterie, **de la** viande et **de la** tarte.

> **ON UTILISE L'ARTICLE DÉFINI** le, la, les :
> • pour parler des aliments « en général » :
> Exemple : C'est bon **le** poulet !

b. Associez les éléments pour faire une phrase.

Je voudrais
- **du**
- **de la**
- **de l'**

huile
charcuterie
salade de tomates
jambon
eau
saucisson
poulet

c. Écoutez et observez. 🎧
— Qu'est-ce que vous prenez **comme entrée** ?
— **Une** assiette de charcuterie.
— Et **comme plat** ?
— **Du** poulet au citron.
— Et **comme dessert** ?
— **De la** tarte Tatin.
— Et **comme boisson** ?
— **Une** demi-bouteille de vin.

d. Imitez le dialogue : lisez ce menu et commandez.

MENU

Entrée
Assiette de charcuterie
Assiette de crudités
Œuf mayonnaise
Salade verte

Plat principal
Poulet au citron
Steak au poivre pommes vapeur
Canard à l'orange
Hachis parmentier
Spaghettis bolognaise

Fromage
Plateau de fromages

Dessert
Tarte Tatin
Mousse au chocolat

2 Ne pas... de/d'

a. Observez.

— Moi, je **ne** mange **pas de** poisson au restaurant !
— Et moi, je **ne** mange **pas de** viande, je suis végétarienne.

> **À LA FORME NÉGATIVE :**
> • *du*, *de la*, *des* deviennent *de**
> Exemple : Je ne mange pas **de** viande.

* *d'* devant une voyelle et h muet

b. Mettez ces phrases à la forme négative.

1. Je veux des frites.
2. À Franceville, il y a des arbres.
3. Nous prenons du poulet au déjeuner.
4. Tu prends des haricots verts.
5. Vous voulez de la purée ?

3 La quantité (suite)

a. Écoutez et observez. 🎧

Enquête au resto U
— Vous aimez manger au resto U ?
— Non, je trouve qu'il y a **trop de féculents**.
— Et vous, Monsieur ?
— Ça va, il y a **beaucoup de légumes** verts mais pas **assez de fruits** et les desserts sont **trop sucrés**.
— Et vous, Mademoiselle ?
— Moi, je trouve que les plats sont **très bons** et **assez appétissants**.

La quantité

+ nom	+ adjectif
beaucoup de/d'* + nom	**très** + adjectif
trop de/d'* + nom	**trop** + adjectif
assez de/d'* + nom	**assez** + adjectif

* *d'* devant une voyelle et h muet

b. Reformulez en utilisant un adjectif.

> Exemple : Il y a trop de sucre dans les desserts.
> → Les desserts sont trop sucrés.

1. Il y a beaucoup de sel dans les spaghettis. → ......
2. Il y a assez d'épices dans la soupe. → ......
3. Il y a trop de poivre dans ce plat. → ......
4. Il y a beaucoup de gras dans ce jambon. → ......

4 La comparaison

a. Observez.

Les Français mangent **plus de** viande **que** de charcuterie.
La charcuterie est **plus** grasse **que** la viande.

La comparaison	
+ adjectif	**+ nom**
plus + adjectif + **que**	**plus de/d'*** + nom + **que**
moins + adjectif + **que**	**moins de/d'*** + nom + **que**
aussi + adjectif + **que**	**autant de/d'*** + nom + **que**

* *d'* devant une voyelle + *h* muet

b. Comparez les données du tableau : utilisez *plus de... que, moins de... que, autant de... que, plus... que, moins... que, aussi ... que.*

Pour 100 grammes :

	calories	protides	lipides	glucides
courgettes	30	1,3		6
frites	306	3,1	21	43
pâtes	100	2,5	1,1	25
gruyère	306	23,2	24	1,2
glace	148	3,1	7,2	17,6
chocolat	485	4,5	30,6	80,4

5 L'interrogation (suite)

a. Observez.

— **Mangez-vous** tous les jours dans ce restaurant universitaire ?
— Oui, du lundi au vendredi.
— **Est-ce qu'**il y a du poisson tous les jours ?
— Oui, je crois.
— **Qu'est-ce que** vous pensez de l'accueil ?
— Excellent, c'est sympathique, convivial !

b. Imaginez les questions : utilisez les expressions : *Est-ce que..., Qu'est-ce que...*

1. 💬 ...... ?— Au « resto U », j'aime bien les desserts.
2. 💬 ...... ? — Non, je déjeune chez moi.
3. 💬 ...... ? — Oui, c'est bon !
4. 💬 ...... ? — Oui, c'est sympathique, il y a beaucoup d'étudiants.

c. Répondez à ce sondage d'opinion.

1. Est-ce que vous aimez déjeuner au restaurant ?
2. Est-ce que vous allez souvent au restaurant ?
3. Est-ce que vous aimez les légumes verts ?
4. Est-ce que vous préférez le salé au sucré ?
5. Qu'est-ce que vous aimez manger ?
6. Qu'est-ce que vous prenez comme petit-déjeuner ?
7. Qu'est-ce que vous buvez au déjeuner ?

d. Transformez ces interrogations en utilisant l'inversion du sujet.

1. Vous prenez un café ?
2. Il habite dans le 6e arrondissement ?
3. Tu déjeunes au restaurant à midi ?
4. On va au cinéma ?
5. Nous travaillons lundi ?

L'INTERROGATION PEUT ÊTRE MARQUÉE PAR :

• L'intonation montante à l'oral (rappel)
  Exemple : Vous aimez les légumes verts ?

• L'inversion du sujet
– Pour les pronoms personnels sujets *tu, nous, vous* :
  *Exemple : **Aimez-vous** les légumes verts ?*

> **Attention !**
> Il y a un trait d'union.

– Pour les pronoms personnels sujets *il/ils, elle/elles* et *on* : on met un *t* entre le verbe et le sujet, lorsque le verbe se termine par une voyelle,
  *Exemple : **Mange-t-il** des légumes verts ?*

• Les expressions *est-ce que**... ?, *qu'est-ce que**... ?
– *Est-ce que* + sujet + verbe + complément
  Exemple : Est-ce que les Français aiment les légumes verts ?
La question est totale. On peut répondre par *oui* ou par *non*.
  Exemple : Oui, ils les aiment.
– *Qu'est-ce que* + sujet + verbe
  Exemple : Qu'est-ce que les Français aiment manger ?
La question porte sur un élément de la phrase :
le complément d'objet direct.
À l'oral, on peut dire :
  Les Français aiment manger quoi ?
On donne donc une réponse sur le complément d'objet direct.
  Exemple : Ils aiment manger des légumes verts.

---

* *qu'* devant une voyelle et *h* muet

OUTILS

grammaire

Notes de grammaire

en, comme

› *Pour commander un menu, on peut utiliser* en *et* comme *pour indiquer la succession des plats :*

en	entrée	
comme	plat principal	je prends
	dessert	
comme fromage		**au** dessert

ensuite, puis, enfin *indiquent*

› *une succession de faits ou d'objets :*

Comme entrée, je prends des crudités,
ensuite du poulet et de la purée…
puis du gruyère,
enfin, au dessert, de la tarte aux pommes.

il y a

› *forme interrogative :* Y-a-t-il assez de fruits ?

vouloir + *verbe à l'infinitif*

Vous voulez suivre un régime ?

à votre/ ton avis… pour demander l'opinion :

À votre avis, l'alimentation est-elle équilibrée ?

à mon avis… pour donner son opinion :

À mon avis, les fruits ne sont pas assez mûrs.

vouloir…

je veux	nous voulons
tu veux	vous voulez
il/elle/on veut	il/elles veulent

pouvoir + *verbe à l'infinitif* (rappel)

Je peux payer mon loyer.

phonétique

1 /i/, /y/, /ɥi/

a. Écoutez et répétez.

olive	→ On entend /i/.
formule	→ On entend /y/.
cuit	→ On entend /ɥi/.

b. Répétez.

2 /i/, /y/, /ɥi/

Écoutez. Mettez une croix dans la colonne correspondant au son entendu.

	/i/	/y/	/ɥi/
1	……	……	……
2	……	……	……
3	……	……	……
4	……	……	……
5	……	……	……
6	……	……	……
7	……	……	……
8	……	……	……
9	……	……	……
10	……	……	……
…			…

graphie

3 **Observez : réécrivez ces mots.**

/i/ → i	/y/ → u	/ɥi/ → ui
C'est ici.	Des légumes.	Des fruits.
À midi.	C'est cru !	C'est cuit !
Des vitamines.	Une formule.	La pluie.
C'est acide.	Le resto U.	La nuit.
C'est calorique.	C'est sûr ?	De l'huile.
Des protéines.	Du sucre.	
Un litre.	Zut !	
Un kilo.	Chut !	

4 **Écoutez et complétez ce texte avec les lettres u, i ou ui.**

Le matin, je mange des fr…ts, c'est bon pour la santé ; c'est plein de v…tam…nes et c'est peu calor…que ! À m…d…, je mange des cr…d…tés et des féc…lents et puis je f…n…s avec d… fromage.
Le soir, je mange des lég…mes ou je bois de la soupe. Des s…creries, de la charc…ter…e, j'en mange parfois, mais j'év…te : je ne veux pas gross…r. Que pensez-vous de mon rég…me ? Il est équ…l…bré et pas trop d…r.

5 **Dictée**

ÉCRIRE

1. Ecrivez un menu avec des plats typiques de votre pays.

PARLER

2. Vous êtes au restaurant.

Regardez le menu que vous venez de composer et faites votre choix, demandez la composition des plats que vous ne connaissez pas.

Qu'est-ce que vous prenez ?

Qu'est-ce que c'est ?

Jouez la scène.

ÉCRIRE

4. Vous êtes journaliste, vous écrivez un article pour un magazine. Vous commentez et comparez ces 3 régimes. Vous donnez votre avis.

ÉCOUTER

4. Écoutez la conversation au restaurant.

a. Qu'est-ce qu'ils commandent ?

LUCIE prend,
   comme entrée : …
   comme plat principal : …
   comme dessert : …
   et comme boisson : …

VINCENT prend,
   comme entrée : …
   comme plat principal : …
   comme dessert : …
   et comme boisson : …

b. Qu'est-ce qu'ils pensent de la nourriture ?
   LUCIE : …
   VINCENT : …

c. Qu'est-ce qu'ils aiment ?
   LUCIE : …
   VINCENT : …

LIRE

3. Lisez l'article ci-dessous : il propose 3 régimes pour maigrir. Ensuite, lisez les 5 phrases suivantes : indiquez les phrases exactes.

1. Le régime nº 2 est un régime à base de fruits et de légumes. ☐

2. Il y a autant de légumes dans le régime nº 1 que dans le régime nº 2. ☐

3. Il y a plus de viande dans le régime nº 1 que dans le régime nº 2. ☐

4. Il y a plus de fruits dans le régime nº 1 que dans le régime nº 2. ☐

5. Le régime nº 3 est un régime équilibré. ☐

Perdez plus de 3 kilos en moins d'une semaine !

> Nº1. RÉGIME BASSES CALORIES

Une journée type :
• **Petit déjeuner** : une tasse de café – un fruit – 30 grammes de fromage – une tranche de pain.
• **Déjeuner** : 150 grammes de steak grillé – 250 grammes de courgettes à l'eau – un fruit – 30 grammes de fromage.
• **Goûter** : un fruit – 2 carrés de chocolat.
• **Dîner** : une assiette de soupe de légumes – 200 grammes de poisson – 30 grammes de fromage.

> Nº 2. RÉGIME PROTÉINES

Une journée type :
Les aliments peuvent être consommés à volonté. Attention, pas de pain.
• **Petit déjeuner** : 2 œufs au plat – fromage.
• **Déjeuner** : charcuterie – steak – haricots verts – fromage.
• **Goûter** : fromage.
• **Dîner** : viande blanche – fromage.

> Nº3. RÉGIME DISSOCIÉ

On mange un seul aliment par jour à volonté.
1er jour : fruits
2e jour : légumes
3e jour : viande blanche
4e jour : charcuterie
5e jour : fromage
6e jour : poisson
7e jour : soupe de légumes

Vie *pratique*

Le restaurant des étudiants

● Moins cher que la restauration rapide et que le restaurant japonais ou chinois, il y a les restos U, comme on les appelle. Ce sont les restaurants pour les étudiants, gérés par le CNOUS (Centre national des œuvres universitaires et sociales) et le CROUS (Centre régional des œuvres universitaires et sociales). Ils se situent près des lieux d'étude, ils permettent de faire un repas complet et équilibré et le ticket repas ne coûte que 2,60 €. La carte d'étudiant suffit pour y avoir accès.

● Les restaurants universitaires avaient assez mauvaise réputation mais, depuis quelques années, ils se sont beaucoup modernisés et se sont ouverts sur la gastronomie du monde entier.

● Si, malgré tout, l'ambiance de la cantine vous coupe l'appétit, il vous reste à consulter les guides comme *Paris pas cher* ou *Le Petit Futé* qui proposent des adresses de restaurants peu coûteux.

1. Un de vos amis ne veut pas aller au resto U, trouvez des arguments pour le décider à venir avec vous.

L'œil *du sociologue*

Que mangent-ils ?

Les habitudes alimentaires des Français ont beaucoup changé ces vingt dernières années.
Ils mangent plus qu'avant en dehors de la maison, ils essaient de ne pas prendre trop de poids.

Ils mangent plus	de légumes, de volaille et de porc, de poisson.
Ils mangent moins	de bœuf et de veau, de pain, de sucre, de pommes de terre.
Ils boivent plus	de boissons gazeuses, de vins de qualité, d'eau minérale.

La consommation des Français

Quantités moyennes consommées pour quelques produits

par personne	1970	1990	2003
pain (kg)	80,57	61,69	54,11
pommes de terre (kg)	95,57	60,77	69,01
légumes frais* (kg)	70,44	86,00	86,32
viandes rouges (kg)	15,62	17,11	14,66
viandes blanches (kg)	14,20	21,66	21,44
œufs (kg)	11,53	13,98	14,27
lait frais (litre)	95,24	66,36	60,23
fromage (kg)	13,81	16,65	17,77
yaourts (kg)	8,56	15,87	21,36
sucre (kg)	20,41	9,76	6,86
vins courants (litre)	95,57	44,74	32,23
vins A.O.C. (litre)	8,03	22,87	24,21
eaux minérales et de source (litre)	39,90	89,97	160,53

* et fruits frais.

Source : Insee, Comptes nationaux base 2000.

2. a. Quels sont les trois aliments les plus consommés dans votre pays ?

b. Comparez l'évolution des habitudes alimentaires en France et dans votre pays. Les tendances sont-elles les mêmes ?

Le journal à plusieurs voix

emilieletellier.Franceville@Hitmail.fr.
Étant donné le prix, ce n'est pas pour moi… Et puis, j'ai grossi, j'ai pris deux kilos, donc je suis au régime : de la viande grillée et des légumes à la vapeur, salade et yaourt maigre ! C'est mon menu.

adrienpetit11@wanaduu.fr
Vous vous souvenez de Laurence. Elle était en troisième avec nous au lycée Gauguin. Elle vient d'ouvrir un restaurant à Hendaye, et pas n'importe quoi ! Un resto chic, le menu est à 60 euros ! Elle nous a invités, elle nous a servi un poulet à la basquaise et une tarte aux prunes… Un délice !

jeannekeller.Strasbourg@Fraa.fr
Est-ce que tu as essayé le régime dissocié ? Le premier jour, du poulet à volonté, le deuxième jour, seulement des pommes de terre, le troisième jour, des fruits… Un seul aliment par jour.

À VOUS !
Intervenez sur le forum pour proposer à Émilie un autre régime amaigrissant.

Le scénario de Maxime Garin

Nous sommes au restaurant. C'est là que Hélène a rendez-vous avec une mystérieuse Isabelle.
Yvan, qui connaît le rendez-vous, est assis à une table. Il lit un journal.
Il a un verre devant lui.
Au bar, le patron discute avec un client.
Hélène arrive, elle s'assoit à une table. Un garçon vient la servir.
— C'est pour déjeuner ?
— Oui, mais j'attends quelqu'un.
Yvan fait signe au patron pour commander son repas.

> **Yvan Le Perche veut rester le plus longtemps possible à observer Hélène dans le restaurant. Il joue le client difficile qui pose plein de questions sur la carte. Imaginez la commande, jouez le dialogue.**

En poème ou en chanson 🎧

Pas de saucisson,
Pas de bonbons,
Ce n'est pas bon
pour la santé !

Docteur, docteur,
Mais qu'est-ce que
je peux manger ?

Des crudités,
Du steak haché,
J'en ai assez !

Docteur, docteur,
Est-ce que je peux
changer ?

Un bouillon,
Du poisson,
Un peu de citron,
Ça peut aller.

Docteur, docteur,
Je voudrais manger
Des pâtes,

De la tarte,
Du camembert,
Du gruyère !

Comme vous voulez,
Mais vous le savez,
Manger ou maigrir,
Il faut choisir !

Docteur, docteur,
J'ai une idée :
Mes trois kilos,
Je les fais enlever
Sur ma photo !

BILAN 2

Vous connaissez...

1 Les adjectifs possessifs

a. Complétez ces dialogues avec le possessif qui convient.

1.
SYLVAIN : Émilie, c'est … sœur ?
VINCENT : Oui, c'est … sœur.

2.
SYLVAIN : Jeanne, c'est … amie ?
ÉMILIE : Oui, c'est … amie.

3.
MONSIEUR LEPIC : … parents sont propriétaires ?
VINCENT : Oui, … maison est à Franceville.

4.
MONSIEUR LEPIC : À … avis, Madame Letellier, Vincent aime Paris ?
MADAME LETELLIER : Oui, il adore Paris !

5.
SYLVAIN : … parents habitent à Paris ?
VINCENT : Non, … parents habitent Franceville.

6.
MADAME LETELLIER : Émilie, tu n'as pas rangé … chambre !
ÉMILIE : Si, j'ai rangé… affaires !

2 Les adjectifs démonstratifs

Complétez ces phrases avec le démonstratif qui convient.
1. Je prends … menu.
2. … après-midi, je vais chez Vincent.
3. Le loyer de … chambre est de 400 euros.
4. Je suis intéressé par … annonce.
5. C'est appétissant, … desserts !

3 Les articles partitifs

Complétez ce dialogue avec l'article partitif qui convient.

— Comme entrée, je voudrais … charcuterie.
— Comme plat ?
— … poisson et … riz.
— Ensuite ?
— … camembert.
— Et comme dessert ?
— … tarte aux pommes.

4 Les pronoms compléments d'objet direct

Complétez les dialogues avec le pronom complément qui convient.
1.
— Tu connais ma sœur Émilie ?
— Non, je ne … connais pas.
2.
— Où tu as mis les fruits ?
— Je … ai mis sur l'étagère.
3.
— Monsieur Letellier est sorti. Vous pouvez rappeler ?
— Oui, bien sûr, je … rappelle dans une heure.
4.
— Vous aimez la région ?
— Oui, je … adore !

5 Le passé composé

a. Mettez ces phrases au passé composé. Attention à l'auxiliaire : *être* ou *avoir* **?**

1. Nous prenons un rendez-vous.
2. Je prends le train à 8 heures du matin.
3. Nous allons au restaurant.
4. Je fais des études d'informatique.
5. Vous arrivez au bureau à 10 heures.
6. Elles sortent de l'université à 9 heures 30.
7. Vincent déjeune avec Sylvain au restaurant.
8. Jeanne visite une chambre cet après-midi.
9. Tu discutes avec le propriétaire.
10. Émilie reste à la bibliothèque, ce matin.

6 La comparaison

Comparez ces plats. Utilisez :
– **les adjectifs** *gras, salé, sucré* ;
– **les noms** *vitamines, calories* ;
– **les comparatifs** *plus…que, moins …que, aussi… que ; plus de…que, moins de…que, autant de…que.*

1   **2**

3   **4**

7 L'interrogation (suite)

a. Associez les questions et les réponses.

1. Qu'est-ce que tu fais à midi ?
2. Est-ce que tu aimes le poisson ?
3. Est-ce que tu peux venir visiter une chambre
à 15 heures ?
4. Qu'est-ce que tu penses de Vincent ?

a. Non, je déteste le poisson !
b. Non, à 3 heures, je vais au cinéma.
c. Il est super sympa !
d. Je déjeune avec Vincent.

b. Transformez ces questions en utilisant l'inversion du sujet.

1. Il loue cette chambre ?
2. On va au restaurant ?
3. Vous mangez de la charcuterie ?
4. Tu viens avec moi ?

Vous savez...

1 Vous présenter pour demander un emploi

a. Vous voulez vous inscrire dans une agence d'intérim en France ; vous envoyez votre Curriculum Vitae. Faites votre C.V. en français.

b. Vous répondez à cette petite annonce : envoyez un courriel pour présenter votre candidature.

c. Vous téléphonez pour répondre à cette annonce. Imaginez la conversation téléphonique.

Restopasta
recherche
F/ H 20-30 ans
Vous êtes étudiant,
vous êtes dynamique,
vous avez l'esprit d'équipe,
vous recherchez un job
pour cet été. Notre pizzeria
recrute un serveur pour
son restaurant en Bretagne.
Anglais souhaité
Rémunération intéressante
Envoyez votre C.V.
www.restopasta.Hitmail.com
Contactez Mlle Bolo
tél : 02 45 78 99 56

2 Décrire un lieu

a. Décrivez la chambre suivante.

b. Décrivez cet appartement.

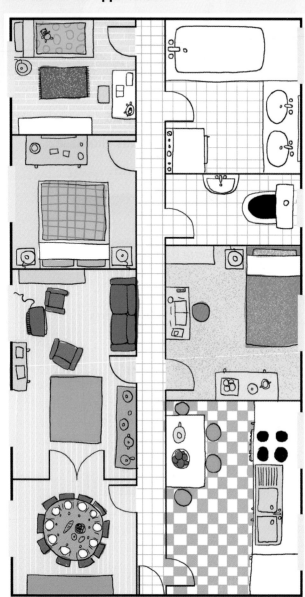

3 Indiquer la composition d'un repas

Dites ce qu'ils mangent et ce qu'ils boivent.

4 Commander un repas

Vous êtes au restaurant, vous choisissez votre menu.

MENU

Entrées
Salade de tomates
Assiette de charcuterie
Soupe au pistou

Plats
Côtelettes / haricots verts
Steak / frites
Poulet / riz

Fromages
Gruyère
Camembert

Desserts
Crêpe sucrée
Tarte aux pommes
Glaces

5 Exprimer une opinion

Donnez votre opinion sur :
Ce lieu

Ce plat

DELF A1 · CECR

A Compréhension de l'oral

1. Associez chaque situation à une image.

A ....   B ....   C ....   D ....

2. Que commandent ces clients au restaurant ? Cochez les bonnes réponses :

1. une assiette de crudités	☐	9. des spaghettis bolognaise	☐
2. une assiette de charcuterie	☐	10. une assiette de fromages	☐
3. un œuf mayonnaise	☐	11. une tarte aux pommes	☐
4. une salade de tomates	☐	12. une mousse au chocolat	☐
5. du hachis Parmentier	☐	13. une demi-bouteille de vin	☐
6. du poulet basquaise	☐	14. un verre de vin	☐
7. du poulet et des frites	☐	15. une bouteille d'eau minérale	☐
8. un steak et de la purée	☐	16. un café	☐

3. À quelles annonces ces conversations téléphoniques correspondent-elles ?

A ....

L'agence immobilière HABITER
**recherche pour la région Île-de-France
une secrétaire ayant un B.T.S.
de secrétariat et gestion
et maîtrisant les outils informatiques.**
Contacter Mme Yvette Naturel

B ....

*Entreprise d'informatique
recherche
hôtesse d'accueil 25 - 30 ans
Bonne présentation
Anglais et espagnol exigés*

C ....

Vous avez de l'expérience dans
la vente, vous êtes disponible et
vous avez le permis de conduire.
Les magasins SUPERCHOC recrutent
un responsable des ventes pour
la région Normandie.

B Compréhension des écrits

1. Mettez en rapport ces offres d'emploi et les réponses des candidats.

A

Vous avez de l'expérience dans la
vente et le permis de conduire.
LES MAGASINS CEPRIX recherchent
un représentant pour la région PACA.
Rémunération intéressante.

B

Le café COSTA
recherche un serveur
dynamique et motivé.
Bonne présentation exigée et
formation à l'école hôtelière
indispensable.

C

Recherchons une secrétaire
bilingue anglais.
Profil : + de 30 ans
**Esprit d'équipe
Dynamique**
*Poste : relations avec les clients
et suivi des dossiers.*

1

*Monsieur,
Votre annonce m'intéresse.
Je recherche un emploi de serveur.
J'ai fait deux ans d'études à l'école
hôtelière de Biarritz et j'ai travaillé
ces trois dernières années dans
un restaurant à Hendaye.
Veuillez trouver ci-joint
mon curriculum vitae.* ......

2

Monsieur,
Votre annonce m'intéresse. J'ai un
DEUG d'anglais, un B.T.S. de secrétariat
et j'aime travailler en équipe.
Je maîtrise les outils informatiques,
j'ai une bonne connaissance
de Windos XP.
......

3

Monsieur le Directeur,
Je suis intéressé par votre
annonce.
J'ai une grande expérience dans
la vente.
J'ai travaillé comme responsable
des ventes pour les grands
magasins DIDUL. J'ai le permis
de conduire.
......

2. Choisissez un menu : a. sans viande – b. sans sucre – c. sans graisse.

Menu 1 : Un œuf mayonnaise, du poulet et des frites, du fromage, une part de gâteau au chocolat.

Menu 2 : De la charcuterie, un steak et de la purée, du camembert, un fruit.

Menu 3 : Une salade verte, du poisson et du riz, du fromage, de la salade de fruits.

Menu 4 : Une assiette de crudités, des légumes verts et un steak grillé, du fromage blanc.

Menu 5 : Une salade de tomates, des spaghettis au poisson, du gruyère, de la mousse au chocolat.

3. Associez chaque lettre au dessin correspondant.

A

B

C

1

Cher Hugo,
Nous sommes en Normandie, nous avons loué une grande maison avec un jardin. Il y a 2 chambres. De ma chambre, je vois le jardin.
Il y a une grande salle à manger. C'est sympa, c'est spacieux, nous pouvons inviter des amis.
Tu veux venir ?...

2

Papa,
Ça y est, j'ai trouvé une chambre de bonne près de la place de la Bastille !
De mon lit, je vois les toits de Paris, j'ai mis mon bureau face à la fenêtre, c'est chouette pour étudier !...

3

Chère Noriko,
Je suis installée dans ma chambre d'hôtel. Je n'aime pas du tout cette chambre. J'ai une petite fenêtre, un lit, une armoire, un lavabo et une table de chevet.
....

C Production écrite

1. Vous cherchez un « petit boulot ». Vous écrivez à une entreprise de restauration rapide en vous présentant et en proposant vos services.

2. Vous suivez un régime. Vous tenez un journal pour contrôler ce que vous mangez. Racontez ce que vous avez mangé les trois derniers jours de la semaine.

D Production orale

1. Vous cherchez une chambre à louer. Vous avez vu ces annonces :
Vous téléphonez à l'agence. Vous indiquez à l'agent immobilier ce que vous cherchez.

Chambre de bonne
À LOUER

5e arrt , très ensoleillée, 20 m², coin cuisine et douche

Loyer : 250 euros

Studio   11e arrt

À louer

30 m², 4e étage avec asc, chambre, coin cuisine, Sdb

Loyer : 400 €/mois

Chambre   15m²

12e arrt
Vue sur les toits, très claire.
Coin cuisine + douche
Loyer : 270 euros
Contacter : M. Fanion

2. Vous déjeunez au restaurant. Regardez les menus de l'exercice B.2 et commandez.

APPARENCES

Jeunes artistes • *unité 7*

Savoir
- Décrire une personne
- Donner des indications de temps (suite)
- Exprimer son opinion

Connaître
- Les pronoms personnels compléments d'objet indirect *lui, leur*
- Les compléments de temps *il y a, depuis*
- L'imparfait (la description)

Tenue de soirée • *unité 8*

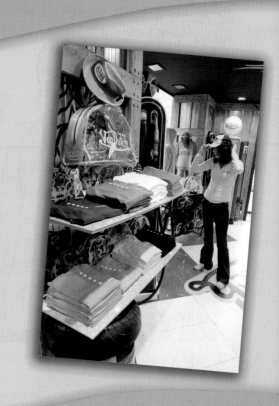

Savoir
- Inviter
- Demander et donner son avis
- Décrire un vêtement

Connaître
- Les pronoms démonstratifs *celui, celle • ceux, celles*
- Le futur proche
- Les pronoms relatifs *qui, que*

Faire du sport ! • *unité 9*

Savoir
- Donner des conseils
- Parler du corps

Connaître
- La négation avec les articles (rappel) : *du, de la, de l', des*
- Le pronom complément *en*
- Les verbes pronominaux
- L'impératif à la forme négative
- L'impératif des verbes pronominaux
- Les tournures impersonnelles

oral

Elle est actrice ! 🎧

VINCENT : Je lui ai parlé.
ADRIEN : À qui ?
VINCENT : À la sœur de Pierre Fey, je lui ai parlé la semaine dernière.
ADRIEN : Ah bon ! quand ?
VINCENT : À la soirée chez Pierre la semaine dernière. Elle était là ! Une rousse aux yeux bleus, tu ne te souviens pas ? Elle m'a souri.
ADRIEN : Oui, et alors ?
VINCENT : Regarde, elle a un rôle dans le dernier film de Breton.
ADRIEN : Ah bon !
VINCENT : Viens, on va voir le film.
ADRIEN : Attends un peu, il n'est pas encore sorti. Il sort la semaine prochaine.

Une semaine plus tard.

VINCENT : Alors, comment tu l'as trouvée ?
ADRIEN : C'est un bon film.
VINCENT : Mais non ! Je te parle de Nadia.
ADRIEN : On la voit cinq minutes seulement.
VINCENT : Cinq minutes d'accord, mais elle est sublime !
ADRIEN : Il est amoureux !

> L'imparfait de l'indicatif :
être, avoir
En 1990, elle **avait** 4 ans !
À la soirée chez Pierre,
elle **était** là !

> Les pronoms compléments
d'objet indirect (3ᵉ personne) :
lui, leur

On **lui** a proposé…
Il **leur** a prouvé sa détermination.

Petits rôles et jeunes talents

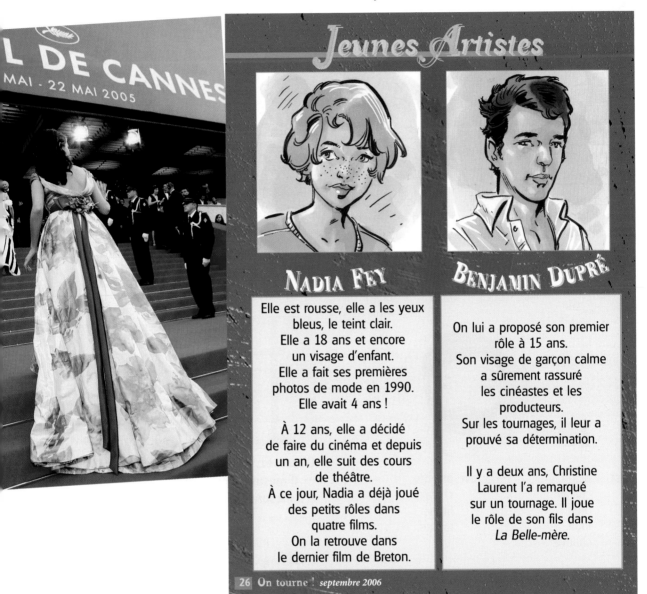

Jeunes Artistes

NADIA FEY

Elle est rousse, elle a les yeux bleus, le teint clair.
Elle a 18 ans et encore un visage d'enfant.
Elle a fait ses premières photos de mode en 1990.
Elle avait 4 ans !

À 12 ans, elle a décidé de faire du cinéma et depuis un an, elle suit des cours de théâtre.
À ce jour, Nadia a déjà joué des petits rôles dans quatre films.
On la retrouve dans le dernier film de Breton.

BENJAMIN DUPRÉ

On lui a proposé son premier rôle à 15 ans.
Son visage de garçon calme a sûrement rassuré les cinéastes et les producteurs.
Sur les tournages, il leur a prouvé sa détermination.

Il y a deux ans, Christine Laurent l'a remarqué sur un tournage. Il joue le rôle de son fils dans *La Belle-mère*.

26 On tourne ! *septembre 2006*

activités

1. Relevez le vocabulaire utilisé pour décrire le physique d'une personne.

2. Relevez le vocabulaire utilisé pour parler de cinéma.

3. Relevez les indicateurs de temps.

4. Observez la construction des verbes.

> Les compléments de temps :

Il y a deux ans, Christine Laurent l'a remarqué sur un tournage.

Depuis un an, Nadia suit des cours de théâtre.

1 La description physique

a. Observez.

Elle est brune aux yeux bleus, elle a les cheveux longs et raides.

Elle est blonde aux yeux marron[1], elle a les cheveux courts et bouclés.

Il/Elle **a** les cheveux		
frisés.	courts.	blonds.
bouclés.	mi-longs.	châtains.
raides.	longs.	bruns.
		roux.

Il **a** une barbe et une moustache.

Il **est**	Elle **est**
blond.	blonde.
châtain.	châtain.
brun.	brune.
roux.	rousse.
chauve.	

Il **est** blond aux yeux bleus.
Elle **est** blonde aux yeux bleus.

Il/elle **a** les yeux
- ● **bleus.**
- ● **verts.**
- ● **marron[1].**
- ● **noirs.**

Il **est**	Elle **est**
beau.	belle.
joli garçon.	jolie.
mignon[2].	mignonne[2].
laid/moche[3].	laide/moche[3].

Marron dans ce cas est invariable.
Mignon : à réserver à un enfant ou à un jeune.
Moche : langue familière.

b. Décrivez ces personnes.

c. La taille et le poids

Observez.

— **Il mesure combien ?**
= **Il mesure** 1 mètre 75[1].

1 mètre (m) et 75 centimètres (cm)

— **Il pèse combien ?**
= **Il pèse** 70 kilos[2].

70 kilogrammes

Il **est**	
mince.	de taille moyenne.
gros.	grand.
maigre.	petit.

Elle **est**	
grosse.	grande.
mince.	de taille moyenne.
maigre.	petite.

d. Décrivez ce couple.

1. Il est ......
Il a ......
Il mesure ......
Il pèse ......

2. Elle est ......
Elle a ......
Elle mesure ...
Elle pèse ......

e. Chassez l'intrus.

1. frisés – raides – bleus – bouclés
2. bruns – blonds – longs – châtains – roux
3. blonde – rousse – châtain – brun
4. courts – mi-longs – roux – longs
5. gros – grande – mince – maigre
6. petit – de taille moyenne – maigre – grand
7. laid – beau – mignon – joli

f. Écoutez : associez un personnage à chaque description.

1   2   3

2 Les spectacles

a. Complétez avec les expressions ou mots suivants.

dessin animé – version française – pièces – courts métrages – cinéaste – comédienne – mis en scène – casting*

* casting = distribution

V.O. : version originale
V.F. : version française

Les dessins animés

1. Walt Disney a réalisé en 1937, le premier long métrage en .... : *Blanche-Neige et les sept nains.*

2. Avant 1937, les dessins animés étaient des ....

3. *Blanche-Neige et les sept nains* est traduit dans toutes les langues, on le regarde en ....

4. Michel Ocelot est un .... français. Il a réalisé trois longs métrages en dessin animé : *Princes et Princesses, Kirikou et la sorcière, Kirikou et les bêtes sauvages.* Ces films ont eu beaucoup de succès.

Les comédies musicales

5. En 1967, Jacques Demy a réalisé *Les Demoiselles de Rochefort* avec Catherine Deneuve, Françoise Dorléac, Michel Piccoli, Danielle Darrieux, Jacques Perrin, Gene Kelly, George Chakiris.
Dans ce film, il y a de bons acteurs : le .... est exceptionnel !

Les acteurs

6. Emmanuelle Béart est une actrice française, elle est aussi ...., elle joue dans des .... de théâtre.

7. Elle a joué *La Double Inconstance* de Marivaux .... par Bernard Murat.

b. Quels acteurs français connaissez-vous ?

c. Quels genres de films aimez-vous ?

Les drames, les comédies, les westerns, les comédies musicales, les policiers... ?

OUTILS

1 La description : *être* ou *avoir*

a. Observez.

Nadia Fey **est** belle, elle **est** grande et mince.
Elle **a** les cheveux bouclés.
Elle **est** rousse aux yeux verts.

b. Choisissez le bon verbe.

1. Elle   *est/a*   grosse.
2. Elle   *est/a*   petite.
3. Il   *est/a*   une barbe.
4. Elle   *est/a*   blonde.
5. Il   *est/a*   brun.
6. Il   *est/a*   les yeux bleus.
7. Elle   *est/a*   maigre.

2 Les adjectifs (rappel)

a. Classez les adjectifs de la liste en A, B, C ou D et dans la bonne colonne.

A : le masculin prend un -e au féminin.
B : l'adjectif est identique au masculin et au féminin.
C : le masculin terminé par -on double la consonne avec un -e au féminin (-onne).
D : autres changements.

noire	bleu	jolie
roux	petit	mignon
beau	brun	mince
gros	joli	laide
blond	vert	blonde
long	verte	bleue
laid	raide	longue
rousse	brune	mignonne
châtain	noir	belle
petite	grosse	marron

A ▶ masculin	féminin = masculin + e	masculin = féminin ◀ B	
1. grand	grande	**1.** maigre	
2.		**2.**	
3.		**3.**	
4.		**4.**	
5.		**5.**	
6.			
7.			
8.		autres changements ◀ D	
9.		**1.**	

C ▶ masculin en -on	féminin en -onne		
1.		**2.**	
		3.	
		4.	

b. Choisissez la bonne réponse.

1. Il a les yeux   *bleus/roux.*
2. Elle a les cheveux   *petits/courts.*
3. Elle a les cheveux   *grands/longs.*
4. Elle a les   *yeux/cheveux*   châtains.
5. Elle a les yeux   *marron/châtains.*
6. Il a les cheveux   *chauve/frisés.*
7. Il a   *une barbe/les yeux*   noire.
8. Il est   *blond/gris.*

c. De qui parle-t-on ? Écoutez et donnez la ou les bonne(s) réponse(s).

	Madame	Monsieur
1.	❏	❏
2.	❏	❏
3.	❏	❏
4.	❏	❏
5.	❏	❏
6.	❏	❏
7.	❏	❏
8.	❏	❏
9.	❏	❏
10.	❏	❏

3 Les pronoms compléments d'objet indirect

a. Imitez ce dialogue en remplaçant *la sœur* par *les parents.*

— Je **lui** ai parlé.
— À qui ?
— À la sœur de Pierre Fey, je **lui** ai parlé la semaine dernière.

Les pronoms compléments d'objet indirect

3ᵉ personne	singulier	pluriel
masculin	lui	leur
féminin	lui	leur

LE PRONOM COMPLÉMENT D'OBJET INDIRECT :

• remplace la personne à qui l'on s'adresse (le destinataire)
• *parler à – écrire à – téléphoner à – envoyer à – proposer à – sourire à…*

88 /quatre-vingt-huit / UNITÉ **7**

b. Associez les questions et les réponses.

1. Vous ne téléphonez pas **à vos amis** ?
2. Nadia a souri **à Vincent** ?
3. Vous parlez **à Nadia** ?
4. Vous ne proposez pas ce rôle **à Vincent** ?
5. On écrit **à nos parents** ?

a. Si, bien sûr, je **lui** propose.
b. Oui, on **leur** écrit.
c. Oui, elle **lui** a souri.
d. Si, je **leur** téléphone.
e. Oui, je **lui** parle.

c. Imitez ce dialogue : remplacez *Nadia Fey* par *Benjamin Dupré,* et ensuite par *Émilie et Vincent Letellier.*

— Tu connais Nadia Fey ?
— Oui, je **la** connais, je **lui** ai parlé la semaine dernière.

Les pronoms compléments d'objet direct (rappel)

	singulier	pluriel
masculin	le/l'*	les
féminin	la/l'*	les

* *l'* devant une voyelle ou un *h* muet

d. Complétez ces phrases par le pronom complément qui convient.

— Tu sais, Pierre Fey, c'est le frère de Nadia.
— Oui, je sais, je …… connais, je …… ai parlé la semaine dernière.
— Ah bon !
— Il a joué dans le dernier film de Dulac.
— On …… a proposé un rôle ?
— Oui, il …… a trouvé dans une petite annonce, il a écrit aux producteurs et il …… a envoyé des photos et ils…… ont pris.
— Ils …… ont recruté avec des photos ?
— Non, bien sûr, il avait le visage et le physique du rôle et ensuite, ils …… ont filmé et ils …… ont trouvé excellent !
— C'est super !

e. Écoutez ces questions et répondez 🎧 en utilisant le pronom complément qui convient.

1. 🎵 ……………
2. 🎵 ……………
3. 🎵 ……………
4. 🎵 ……………
5. 🎵 ……………
6. 🎵 ……………

4 Les compléments de temps
il y a / depuis

a. Observez.

Il y a deux ans, Catherine Laran a remarqué Benjamin sur un tournage.
Depuis deux ans, il prend des cours de théâtre et il fait du cinéma.

> ON UTILISE *il y a* :
> • avec un verbe au passé composé pour indiquer le moment précis d'une action passée.
>
> présent
>
> ON UTILISE *depuis* :
> • avec un verbe au présent pour indiquer qu'une action continue dans le présent.
>
> présent

b. Complétez les phrases avec *depuis* ou *il y a.*

1. Vincent habite le Quartier latin ………… trois mois.
2. Vincent a parlé avec Nadia ………… quinze jours.
3. Vincent travaille chez Atmosphéris ………… trois semaines.
4. Nadia Fey a fait ses premières photos ………… quatorze ans.

5 L'imparfait de l'indicatif

a. Observez.

En 1990, Nadia Fey **avait** quatre ans, c'**était** une enfant, elle a fait ses premières photos.
À douze ans, elle **était** grande pour son âge et assez jolie, elle a décidé de faire du cinéma, elle a suivi des cours de théâtre.

L'imparfait de l'indicatif

	être	avoir
j'	étais	avais
tu	étais	avais
il/elle	était	avait
nous	étions	avions
vous	étiez	aviez
ils/elles	étaient	avaient

> L'IMPARFAIT :
> • Comme le passé composé, l'imparfait est un temps du passé. Il sert à décrire quelqu'un, quelque chose, ou une circonstance.

OUTILS

b. Complétez les phrases avec les verbes *être* ou *avoir* à l'imparfait.

En 1970, mon père ...... brun, il ...... les cheveux longs, il ...... joli garçon.

Et moi, mon père .... grand et mince, il .... les cheveux très courts. Aujourd'hui, ils sont chauves et plus gros, eh oui, c'est l'âge !

c. Et vous, comment étaient vos parents il y a 30 ans ?

Notes de grammaire

qui *désigne*

› *une personne :*
  VINCENT : Je lui ai parlé.
  ADRIEN : À **qui** ?
  VINCENT : À Nadia Fey.

la semaine dernière

› *complément de temps, indique que l'action s'est déroulée la semaine avant le moment où l'on parle :*
  J'ai déjeuné avec Nadia la semaine dernière.

la semaine prochaîne

› *complément de temps, indique que l'action se déroule la semaine après le moment où l'on parle :*
  Le film sort la semaine prochaine.

lui *peut être :*

› *pronom tonique :*
  Lui, il aime le théâtre.
› *complément d'objet indirect :*
  On lui a proposé un rôle.
› *pronom utilisé après une préposition :*
  Ce rôle est pour lui.

---

phonétique

1 /y/, /u/

a. Écoutez et répétez.

  russe → On entend /y/.
  rousse → On entend /u/.

b. Écoutez les mots : quel son entendez-vous ?

	/y/	/u/
1.		
2.		
3.		
4.		
		...

---

graphie

2 **Écoutez. Quelle phrase entendez-vous (a ou b) ?**

Exemple :

a. *Elle est russe.*   **b. Elle est rousse.**

1.	a. Tu es sûr ?	b. Tu es sourd ?
2.	a. Il a rugi.	b. Il a rougi.
3.	a. C'est dessus.	b. C'est dessous.
4.	a. Tu as vu ?	b. Tu avoues ?
5.	a. Tu l'as lu ?	b. Tu la loues ?
6.	a. C'est une rue.	b. C'est une roue.
7.	a. Il s'est tu.	b. Il sait tout.
8.	a. Tu vas bien ?	b. Tout va bien ?
9.	a. Il est à nu.	b. Il est à nous.
10.	a. Dis-lui tu.	b. Dis-lui tout.

3 **Dictée** 🎧

👄 PARLER

1. **Vous avez vu un film qui vous a plu. Vous décrivez les personnages.**
2. **Vous allez au cinéma avec un ami. Vous discutez pour choisir le film et l'heure.**
Jouez la scène :

✏️ ÉCRIRE

3. **La semaine dernière, vous avez rencontré une fille ou un garçon qui vous a plu, vous écrivez à un ami pour la (le) décrire.**

📖✏️ LIRE - ÉCRIRE

4. **Vous vous inscrivez sur la page web d'une agence de casting. Vous remplissez ce formulaire.**

Catégories désirées
Mannequin : ❏   Comédien/acteur : ❏

Identité
Nom :
Prénom :
Sexe :   féminin ❏   masculin ❏
Nationalité :
Âge :

Description
Taille :
Poids :
Mensurations : *tour de taille :* … *cm*
tour de hanches : … *cm / tour de poitrine :* … *cm*
Yeux :
Cheveux :

Décrivez-vous ....

Talent particulier ....

🎧 ÉCOUTER

5. **Vous assistez à un casting.**

a. **Écoutez les dialogues et identifiez chacun des personnages.** 🎧

b. **Qui obtient le rôle ?**

Vie pratique

Avant

Après

Chacun son look

● Né aux États-Unis dans les années 60, le relooking connaît désormais un grand succès en Europe. Le relooking permet de trouver son look, d'accepter son image. Il s'adresse surtout aux personnes qui ne sont pas sûres de leurs choix vestimentaires ou esthétiques.

● Le relooking est aujourd'hui accessible à tous les tarifs et des séances sont même organisées dans les agences de l'A.N.P.E.* pour les chômeuses.
Les professionnels de ce nouveau domaine sont les coach (conseillers) en image. Le coach en image est un partenaire, il doit s'intéresser à la personne, avoir envie de l'aider.

● Le programme de relooking comporte plusieurs étapes :
– un entretien approfondi,
– un test couleur,
– un cours de maquillage,
– une séance d'étude du visage et de la gestuelle,
– la réalisation de la coiffure,
– une séance de conseils en garde-robe.

---

1. L'**A**gence **n**ationale **p**our l'**e**mploi :
organisme national qui aide les demandeurs d'emploi à trouver du travail.

1. Vrai ou Faux ?

	V	F
a. Le relooking est un concept tout nouveau.	☐	☐
b. Le relooking est réservé aux gens riches.	☐	☐
c. Le relooking prend en compte le maquillage, la coiffure, le style vestimentaire.	☐	☐
d. Le relooking utilise la chirurgie esthétique.	☐	☐
e. Le coach en image est un conseiller.	☐	☐

L'œil du sociologue

L'évolution de Marianne

Pour la première fois, la Marianne du timbre français pour 2005 a été dessinée par un citoyen. Un concours a été organisé par La Poste et c'est finalement le président de la République qui a choisi le gagnant et la nouvelle Marianne.

À l'occasion des célébrations du 14 juillet 2004, des jeunes filles des quartiers difficiles, organisatrices d'une longue marche militante, ont prêté leur visage pour représenter Marianne. Leurs portraits étaient exposés sur la façade de l'Assemblée nationale. Pour ces jeunes Françaises de différentes origines, Marianne représente le courage, l'énergie, la volonté, le progrès.

Différentes personnalités ont servi de modèles aux statues de Marianne des mairies françaises : des actrices (Catherine Deneuve et Sophie Marceau), des mannequins (Laetitia Casta et Carla Bruni), et, plus récemment, une animatrice de télévision.

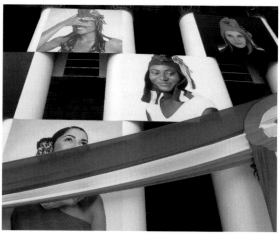

Assemblée nationale : portraits de mariannes

2. Choisissez la bonne proposition.
a. Le timbre français de 2005 a été dessiné par :
1. le président de la République. ☐ 2. un citoyen. ☐
   3. un facteur. ☐

b. Selon les jeunes filles, Marianne symbolise :
1. la révolution et la guerre. ☐
2. la beauté des femmes françaises. ☐
3. le progrès et l'énergie. ☐

c. D'après le texte, aujourd'hui Marianne devient plus
1. populaire. ☐ 2. romantique. ☐ 3. inaccessible. ☐

3. Quels sont les symboles ou les personnages phares de votre pays ?
Où et comment sont-ils présents dans la vie courante ?

Le journal à plusieurs voix

adrienpetit11@wanaduu.fr

Vincent est amoureux, il ne parle plus que de Nadia !

emilieletellier.Franceville@Hitmail.fr

Elle est comment cette fille ?

adrienpetit11@wanaduu.fr

Elle est rousse aux yeux verts, avec des taches de rousseur.

emilieletellier.Franceville@Hitmail.fr

Banale, quoi !

adrienpetit11@wanaduu.fr

Ah non ! pas vraiment, mais bon, ce n'est pas mon style !

emilieletellier.Franceville@Hitmail.fr

C'est quoi ton style ?

Voyons, plutôt mince, surtout pas blonde, le nez un peu retroussé…

À VOUS !

Entrez sur le forum pour expliquer votre type de femme ou d'homme.

Le scénario de Maxime Garin

SCÈNE 1

Yvan a terminé son repas : il boit un café et continue à lire son journal.

Une femme entre dans le restaurant. Elle va vers Hélène. Elles s'embrassent.

Yvan les observe. La femme ressemble de façon étonnante à Hélène : les yeux bleus, les cheveux blonds, le teint clair, mais elle paraît plus âgée.

> **Imaginez les petits détails physiques qui font la différence entre Hélène et la femme qui lui ressemble tant (grains de beauté, rides, etc.).**

En poème ou en chanson 🎧

Réalisateur à mes heures,
Je cherche deux acteurs
Pour un film à Honfleur.

Elle, elle a
Les yeux bleus,

Les cheveux châtains,
Le nez mutin
Et mesure un mètre quatre-vingts.

Lui, c'est l'homme de sa vie,
Il est tout petit
Et il a les yeux gris.

Ils sont amoureux,
Ils sont heureux,
Eh oui !
On peut être petit,
Un peu gris
Et séduire une fille.

Il faut vous dire
Que moi aussi
Je suis tout petit,

Un peu gris
Et que j'ai bien envie
De changer de vie.

C'est pour ça
Que j'aimerais voir
De temps en temps
Sur les écrans

Un héros pas trop grand,
Séduisant
Une fille très jolie,
Très gentille,
Très sexy…

Tenue de soirée

oral

Quelle tenue choisir ? 🎧

LUCIE : Qu'est-ce que tu penses de ma tenue ?
ADRIEN : Une veste de couleur avec un jean, c'est bizarre, non ?

ÉMILIE : Comment tu trouves ma robe ?
VINCENT : Elle ressemble à celle de maman sur sa photo de fiançailles.
ÉMILIE : J'ai compris ! Tant pis, je vais mettre celle que je portais l'année dernière…

HUGO : On sort ce soir ?
JEANNE : Pourquoi pas ! On m'a parlé d'un petit restaurant dans le quartier du port.
HUGO : Je vais m'habiller.
JEANNE : Moi, je suis habillée.
HUGO : Un pull et un jean !
JEANNE : C'est la tenue qui convient pour ce restaurant.
HUGO : Je vois !

SYLVAIN : Tu as vu mon pantalon. C'est celui que je portais pour le mariage de Jérôme et Marie.
CÉCILE : Pour être franche, il est super ringard !
SYLVAIN : Pas du tout, il est très branché !

Dans un magasin.

— Je voudrais voir la jupe qui est dans la vitrine.
— Quelle est votre taille ?
— 40.
— J'ai deux modèles, vous préférez lequel ?
— Celui-ci n'est pas mal, mais je préfère cette jupe !
— Laquelle ?
— Celle qui est sur le mannequin.
— Désolée, je n'ai pas votre taille.

> **Les pronoms démonstratifs :**

	singulier	pluriel		singulier	pluriel
masculin	celui ⎱ de…	ceux ⎱ de…	masculin	celui-ci, celui-là	ceux-ci, ceux-là
féminin	celle ⎰ qui…	celles ⎰ qui…	féminin	celle-ci, celle-là	celles-ci, celles-là

On sort ce soir…

à Lucie Lepavec

Nous avons le plaisir de vous inviter
à l'avant-première du film de Claude Breton :
De toutes les matières, c'est la soie que je préfère.

Projection à 20 heures au Grand REX
Suivie d'un débat avec le réalisateur

Cocktail

■ Qu'est-ce que je vais mettre ? ■

Il est six heures du soir. Vous avez une soirée à huit heures. Votre robe rouge est trop petite. La noire, qui vous va très bien, vous la mettez tout le temps. Et votre jupe beige vous grossit.

Bref, c'est la panique.
Alors, un peu d'imagination !

Si c'est une soirée entre amis, évitez les tenues trop classiques.

Votre jean noir, par exemple, vous le portez le week-end avec un vieux tee-shirt. Avez-vous pensé à le mettre avec la veste de votre tailleur B.C.B.G.[1], celui que votre ami n'aime pas ?… Ou avec un chemisier en soie blanche et un gros collier.

Il ne va pas vous reconnaître,
ça change tout !

---
1. Bon chic bon genre.

activités

1. **Faites la liste des couleurs et des vêtements.**
2. **À votre avis, un pantalon *branché*, c'est :**
un pantalon en velours ? un jean ? un pantalon à la mode ?

3. **Quelle tenue choisissez-vous pour une soirée improvisée ?**
4. **Observez la construction des verbes.**

> **Les pronoms relatifs :**
qui, que

> **Le futur proche :**

je vais		nous allons	
tu vas	+ verbe à	vous allez	+ verbe à
il, elle va	l'infinitif	ils, elles vont	l'infinitif
on va			

Qu'est-ce que tu **vas** mettre ?

1 Les vêtements, les chaussures

a. Observez.

une veste — un blouson — un tee-shirt

un short — un manteau — un pull — une robe

une chemise — un costume ²

un imperméable — un chemisier ¹ — un anorak — un jean — un gilet — un pantalon

des chaussures de ville

des sandales

un tailleur — une jupe

1. vêtements féminins
2. vêtements masculins

des bottes — des escarpins — des baskets

b. Chassez l'intrus.

1. robe – tailleur – pantalon
2. manteau – anorak – pantalon – blouson
3. short – costume – tailleur
4. chemisier – jupe – anorak
5. costume – jupe – robe

c. Vrai ou Faux ?

	V	F
1. Il fait froid, on met un anorak.	☐	☐
2. Il pleut, on met des sandales.	☐	☐
3. Un tailleur est un ensemble « chemise + short ».	☐	☐
4. Un jean est un vêtement féminin et masculin.	☐	☐
5. Il met une veste sur son costume.	☐	☐

2 La taille, les pointures

a. Observez.

1. **Les tailles** des vêtements pour les femmes et les hommes vont du 36 au 48.

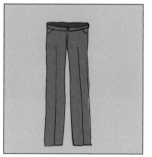

2. **Les pointures** des chaussures pour les femmes vont du 36 au 41 et pour les hommes du 38 au 46.

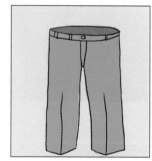

b. Quelle est votre taille et votre pointure ?
Je fais du…

3 Les couleurs

a. Observez.

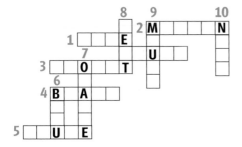

rouge   orange   jaune   bleu   violet

vert   blanc   rose   mauve   noir   marron

b. Complétez la grille avec le nom des couleurs.

(grille de mots croisés avec les lettres : 8, 9, 10 ; 2 M...N ; 1 ...E ; 7 U ; 3 ...O...T ; 6 ; 4 B A ; 5 ...U...E)

5

Décrivez ces personnages. Quelles tenues portent-ils ?

4 La matière

a. Observez.

une veste en velours

des pulls en laine

une jupe en soie

des chaussures en cuir

b. Choisissez les termes possibles.

Attention ! *plusieurs réponses sont possibles.*

1. une jupe en cuir / laine / soie / plastique / or
2. un tee-shirt en laine / coton / cuir / soie / jean
3. des sandales en laine / coton / soie / cuir
4. un pantalon en velours / laine / plastique / cuir
5. un pull en soie / cuir / laine / coton / velours
6. des bottes en coton / en laine / en caoutchouc

OUTILS

grammaire

① Le futur proche

a. Observez

— Je sors ce soir avec Vincent.
— On **va aller** au restaurant dans le Quartier latin.
— Qu'est-ce que **tu vas mettre** ?

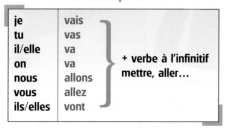

Le futur proche

je	vais
tu	vas
il/elle	va
on	va
nous	allons
vous	allez
ils/elles	vont

+ verbe à l'infinitif mettre, aller…

b. Réécrivez ce texte au futur proche.

Nous avons une soirée samedi prochain avec les amis de Vincent. Jérôme va en voiture.
Moi je travaille à Paris, alors je prends le métro. On se retrouve avec Adrien, place Saint-Michel.
On dîne d'abord au restaurant puis on va au cinéma voir le dernier film de Breton. Et après, on prend un verre au café du coin.

c. Associez les deux colonnes pour faire une phrase selon le modèle.

Exemple : Je sors ce soir : je vais aller au théâtre.

1. Il fait froid.
2. *Je sors ce soir.*
3. Il est midi.
4. Je voudrais habiter à Paris.
5. Je ne trouve pas mes affaires.

a. déjeuner au resto U
b. ranger ma chambre
c. mettre un manteau
d. *aller au théâtre*
e. chercher une chambre

LE FUTUR PROCHE

aller au présent de l'indicatif + verbe à l'infinitif
On utilise le futur proche pour :
• une action immédiate
  *Exemple : Le train **va partir.***
• plus lointaine avec un complément de temps
  *Exemple : Je **vais partir** le mois prochain.*

---

② Les pronoms relatifs *qui* et *que*

› **Emploi de** *qui*

a. Observez.

Ce soir, je vais mettre la jupe en cuir **qui** me va bien.

QUI EST UN PRONOM RELATIF SUJET.
  Il remplace le mot qui devrait être le sujet du verbe de la proposition relative.
  *Exemples : Ce soir, je vais mettre **la jupe** en cuir.*
  Cette jupe me va bien.
  *Ce soir je vais mettre **la jupe** en cuir **qui** me va bien.*

b. Transformez les phrases : utilisez le pronom relatif *qui.*

Exemple : Je vais au cinéma. Ce cinéma est place de la Bastille.
  → *Je vais au cinéma **qui** est place de la Bastille.*

1. Nadia joue dans **le film** de Breton. **Ce film** sort la semaine prochaine.
2. J'ai invité **Jérôme et Marie**. **Jérôme et Marie** habitent à Foix.
3. J'ai acheté **une jupe**. **La jupe** est trop grande.
4. J'ai pris **une soupe** au restaurant. **La soupe** était trop salée.
5. Vous louez **une chambre** de bonne. **Cette chambre** est sous les toits.
6. Je connais bien **madame Letellier**. **Madame Letellier** habite au-dessus de chez moi.
7. Elle a **une fille**. **Sa fille** est à Paris.
8. En face du cinéma, il y a **une librairie**. **Cette librairie** s'appelle TireLire.

› **Emploi de** *que*

c. Observez.

Je porte la robe rouge **que** je mets tout le temps.

QUE * EST UN PRONOM RELATIF COMPLÉMENT D'OBJET DIRECT (COD).
  Il remplace le mot qui devrait être le complément d'objet direct du verbe de la proposition relative.
  *Exemples : Vous avez acheté **un tee-shirt**. Je trouve **ce tee-shirt** très beau.*
  *Vous avez acheté **un tee-shirt** **que** je trouve très beau.*

* *qu'* devant une voyelle et *h* muet

d. Transformez les phrases : utilisez le pronom relatif *que.*

Exemple : J'ai vu le dernier film de Dulac. Je trouve ce film super !
  → *J'ai vu le dernier film de Dulac **que** je trouve super !*

1. J'ai acheté **un tabouret**. J'ai mis **le tabouret** sous le bureau.

2. Ils ont rendez-vous dans **un café**. Vincent connaît bien **ce café**.

3. Elle avait **sa veste** en plastique jaune. Je trouve **sa veste** bizarre.

4. Samedi, je vais mettre **le pantalon** en cuir. J'ai acheté **ce pantalon** chez Basboul.

5. Il a **un frère**. J'ai rencontré **son frère** chez Pierre, la semaine dernière.

6. Elle a **un travail** intéressant. Elle a trouvé **ce travail** par annonce sur Internet.

7. Il a trouvé **un appartement** en face de la tour Eiffel. Il adore **cet appartement**.

8. J'ai pris rendez-vous chez **le dentiste**. J'ai vu **ce dentiste** il y a six mois.

› **Emploi de** *qui* **ou** *que*

e. Complétez le dialogue avec *qui* **ou** *que*.

— Elle est bien, cette soirée ?
— Oui, c'est une soirée … est sympathique.
— Qu'est-ce que c'est ?
— C'est une boisson … est très amère, avec du cacao.
— Super ! Il y a le gâteau au chocolat … j'aime bien.
— Et cette femme près de la fenêtre, tu la connais ?
— Oui, c'est quelqu'un … habite à côté de chez moi.
— Elle a un fils … est acteur.
— Il est connu ?
— Oui, on le voit dans des téléfilms. C'est un acteur… je trouve bon. Le monsieur … est à côté de la table, c'est son mari.
— Ah bon ! il a l'âge d'être son père !

3 Les pronoms démonstratifs

› *Celui-ci/celle-ci*

a. Écoutez et observez.

— Je voudrais voir la jupe qui est dans la vitrine.
— En quelle taille ?
— En 40.
— Vous préférez **celle-ci** ou **celle-là** ?
Celle-ci est plus élégante.
— Et **celle-là** ?
— Désolée, je n'ai pas votre taille. Vous prenez **celle-ci** ?
— Oui, **celle-ci**.

Les pronoms démonstratifs

	singulier	pluriel
masculin	celui	ceux
féminin	celle	celles

ON UTILISE UN PRONOM DÉMONSTRATIF :
pour donner une précision sans répéter le nom.
• *celui-ci/celle-ci* indique ce qui est le plus proche.
• *celui-là/celle-là* indique ce qui est le plus éloigné.
• Dans la langue courante, on ne fait plus la différence entre *-ci* et *-là*.

b. Imitez le dialogue de a. Remplacez *jupe* **par d'autres vêtements et accessoires.**

c. Imaginez un dialogue : jouez la scène.
Vous achetez : *du poisson*
           de la viande
  Vous acceptez :   *Oui, celui-ci (là).*

Vous refusez :   *Non, celui-là (ci).*

› *Celui de/celle de*
  Celui que/celle que
  Celui qui/celle qui

d. Remplacez le mot souligné par *celui-ci, celle-ci, ceux-ci, celles-ci*.

1. Vincent travaille dans une entreprise. <u>Cette entreprise</u> est en banlieue.

2. J'aime toutes les chaussures dans ce magasin mais <u>ces chaussures</u> en cuir rouge sont extraordinaires.

3. — Nous allons dans ce restaurant ?
    — Non, <u>ce restaurant</u> est trop cher.

4. Les vêtements dans cette vitrine sont très classiques. Je préfère <u>ces vêtements</u> dans le magasin d'à côté. Ils sont plus à la mode.

e. Écoutez et observez.

— Comment trouves-tu **ma robe** ?
— Elle ressemble à **celle de** maman sur sa photo de fiançailles.
— Tu as vu **ton pantalon** ?
— Il est très bien ! C'est **celui que** je portais pour les fiançailles de Jérôme et Marie. Et toi, tu as vu tes chaussures ?
— Ce sont **des escarpins**, il sont très élégants, ce sont **ceux qui** sont dans la vitrine du magasin branché Baboul.

LE PRONOM DÉMONSTRATIF
peut être suivi
• d'un complément de nom :
  Exemple : **ceux de** *maman*
• d'une relative :
  Exemple : **celui que** *je portais*

f. Complétez le dialogue.

— Je suis allée au musée de la mode. Il y a des robes extras ! J'ai vu ……… Paco Rabanne en plastique jaune.
— Ce sont ………… ma mère portaient en 1970. Et tu as vu les robes de soirée de Christian Dior ?
— Oui, bien sûr, je préfère ……… il a faites en 1980.
— Il y avait aussi le costume de scène de Madonna. ………… a fait le succès de Jean-Paul Gaultier.

OUTILS

Notes de grammaire

bien *adverbe, se place après le verbe :*
J'aime **bien** ce pull, il me va **bien**.

aller
› *Le verbe* **aller** *est utilisé pour dire qu'un vêtement met en valeur la personne :*
moi → Cette veste **me va** bien.
toi → Ce pantalon **te va** bien.
vous → Cette robe **vous va** bien.

en *peut indiquer* (rappel)
› *le lieu* : **en** Normandie
› *la date* : **en** 1906
› *les moyens de transport* : **en** train, **en** voiture

en *peut aussi indiquer*
› *la matière* : une jupe **en** soie

pour les vêtements, *on utilise* **les verbes suivants :**
› *s'habiller*
Je vais m'habiller.
› *mettre** (placer sur le corps)
Il pleut : je mets un imperméable.
› *porter* (avoir sur soi)
Je vais mettre la robe que je portais l'année dernière.

* Mettre peut aussi indiquer que l'on place un objet à un endroit précis.
J'ai mis les CD dans le tiroir.

---

phonétique

1 /ʃ/ et /ʒ/

a. Écoutez et répétez.

> **Attention !**
> – *chic* → son /ʃ/ (expulser l'air fortement)
> – *genre* → son /ʒ/ (retenir l'air dans la bouche)

b. Vous entendez deux sons différents ou deux sons identiques. Mettez une croix dans la bonne case.

	1.	2.	3.	4.	5.	6.	7.	8.	9.	10.
Vous entendez deux sons différents										
Vous entendez deux sons identiques										

graphie

> **Attention !**
> /ʒ/ s'écrit → **g** devant les voyelles *e, i* et *y*
> **ge** devant les voyelles *o* et *a*
> **j** devant toutes les voyelles

2 Écoutez. Complétez les trous par les lettres *g, j* ou *ch.*

1. …ean est un …eune homme …armant, il a …oué avec les enfants toute la …ournée !
2. …eudi soir, …e …ante Carmen. …e vais mettre ma tenue de …itane : ma …upe et mon …ilet rou…e à volants, des …aussures assorties, mon …âle ar…enté et une …olie …onquille …aune dans les …eveux !
3. Les …ens me trouvent trop grosse, mais …e ne veux pas faire de ré…ime, …e me moque de leur …u…ement. Je man…e normalement, …e fais de la …ymnastique, …e n'ai pas mal aux …ambes ni aux …enoux, …eûner n'est donc pas …ustifié ! Mes rondeurs me donnent un air …ovial et …énéreux et mon ami …ules me trouve …olie, alors pourquoi ……an…er ?

3 Dictée

PARLER

1. **Vous êtes dans un magasin ; vous cherchez un pantalon noir en taille 40 pour une soirée et on vous propose un jean en 42. Imaginez le dialogue.**

> *Bonjour, vous désirez ?*
> *Bonjour, est-ce que je peux vous renseigner ?*
>
> *Je voudrais...*

situations

📖 **LIRE**

2. **Test :** *Quel est votre style ?*

Elle / Lui

Pour aller travailler

Vous préférez porter : un tailleur B.C.B.G. ◆ | un costume et une cravate. ◆
une jupe en vynil fluo. ▲ | un pantalon en cuir. ▲
un tailleur haute couture. ● | un jean et un tee-shirt. ■
un tailleur veste et pantalon. ■ | un costume en flanelle. ●

Le week-end

Vous préférez porter : un tailleur. ● | un jogging. ■
un jean. ◆ | un costume. ●
un jogging. ■ | un jean. ◆
une mini-jupe. ▲ | un pantalon en velours. ▲

Pour aller à une soirée

Vous préférez porter : une robe du soir. ● | un costume et une cravate. ◆
un jean et une veste bien coupée. ■ | un smoking. ●
un costume veste et pantalon. ◆ | un jean Diesel et une veste noire. ■
une robe sexy. ▲ | un pantalon en cuir et un tee-shirt. ▲

Vous aimez les hommes : en smoking. ● | Vous aimez les femmes : en robe du soir. ●
en costume cravate. ◆ | en mini-jupe. ▲
en jean. ■ | en jean. ■
en cuir. ▲ | en tailleur. ◆

Résultats

Si vous avez 3 ou 4 ●. Vous êtes très chic, un peu trop sur l'apparence. Rappelez-vous : « L'habit ne fait pas le moine. »
Si vous avez 3 ou 4 ◆. Vous êtes B.C.B.G. et conformiste,
vous manquez de fantaisie.
Si vous avez 3 ou 4 ■. Votre style est décontracté ; un peu plus d'originalité et ce serait parfait !

Si vous avez 3 ou 4 ▲. Vous êtes une « fashion victim ». Vous aimez qu'on vous regarde, mais la personnalité n'est pas que dans l'allure !
Si vous avez 2 ou moins de 2 ◆●■▲. Vous savez vous adapter aux différentes situations : travail, sorties, soirées.

✏️ **ÉCRIRE**

3. **Vous commandez ces vêtements sur Internet. Écrivez à un ou une ami(e) pour lui demander ce qu'il (elle) en pense.**

Pour elle

Pour lui

🎧 **ÉCOUTER**

4. **Écoutez la conversation : identifiez les personnages.**

Dans une soirée.

Vie pratique

Vivement dimanche !

En province

● Un grand nombre de magasins et de bureaux sont fermés entre 12 heures et 14 heures. Dans les grandes villes, la plupart des magasins et administrations restent ouverts sans interruption. Les jours de repos sont le plus souvent le samedi pour les bureaux, le dimanche pour tout le monde et le lundi pour les boutiques. Le dimanche veut parfois dire « ville morte ».

À Paris

● À Paris pourtant, il est possible de faire du shopping le dimanche, notamment aux Champs-Élysées (8e), au Carrousel du Louvre (1er), dans le Marais (4e) et Cour Saint-Émilion (12e).

1. Complétez avec *Marais, déjeuner, dimanche, lundi.*

a. En province, les magasins ferment entre 12 et 14 heures pour le ……

b. Certains magasins, qui sont restés ouverts le samedi, ferment le ……

c. Le jour de repos pour tout le monde est le plus souvent le ……

d. À Paris, on peut faire des achats le dimanche dans le ……

L'œil du sociologue

Vive les soldes !

Rabais, ristourne, promotion, rien ne remplace les vrais soldes pour les Français. Ils ont lieu deux fois par an. En janvier, après les fêtes de fin d'année et en juillet, pour démarrer l'été. Ils durent six semaines et les prix baissent de plus en plus.

Pour certains consommateurs, c'est un moment de folie : certains magasins doivent parfois fermer leurs portes pour éviter une émeute ; certains clients font la queue dès 6 heures du matin devant les magasins des grandes marques.

10 %, 40 %, moitié prix, deux pour le prix d'un, c'est l'occasion de s'offrir le pull ou les chaussures repérés dans les vitrines depuis des mois. Les soldes sont un véritable événement, notamment à Paris.

2. a. Les soldes sont-ils un moment important dans votre ville ?

b. On dit en français *faire les soldes* ; **faites-vous les soldes ?**

Qu'achetez-vous en priorité ?

Galerie marchande dans le Carrousel du Louvre

Le journal à plusieurs voix

emilieletellier.Franceville@Hitmail.fr

Il nous est arrivé une chose très drôle, nous avons été à une soirée chez Jérôme et Marie. Nous avons cru que c'était une soirée costumée. Je suis arrivée avec une robe moulante pailletée, style actrice américaine des années 50. Adrien, lui, est arrivé en costume folklorique breton. En fait, c'était une soirée très B.C.B.G., organisée pour le patron de Jérôme. Heureusement qu'il a le sens de l'humour…

lucielepavec.Paris@Fraa.fr

Très drôle, j'aimerais voir ta robe pailletée. Je ne porte que des jeans. Il est temps que je change.

jeannekeller.Strasbourg@Fraa.fr

Une robe pailletée, ça ne va pas plaire à tes parents ! Je vais à Paris au moment des soldes. Si tu veux, on peut aller faire les boutiques ensemble !

À VOUS !

Entrez sur le forum et décrivez votre déguisement à une soirée de carnaval.

Le scénario de Maxime Garin

SCÈNE 1

Au moment de sortir du restaurant, Hélène remet à l'autre femme la lettre qu'elle avait prise chez elle sur le bureau. Yvan appelle son interlocuteur, décrit la femme ; il apprend que c'est Isabelle, la sœur aînée d'Hélène.

> **Imaginez le dialogue au téléphone : l'interlocuteur identifie Isabelle grâce à la description de son habillement, il a l'air surpris et furieux et semble bien la connaître.**

1

2

SCÈNE 2

Yvan suit Isabelle jusqu'à son hôtel.

Il remarque un individu bizarre, il le soupçonne immédiatement car quelque chose ne va pas dans sa tenue.

> **Faites une description détaillée de ce personnage étrange.**

En poème ou en chanson 🎧

Chez Jitrois,
Un chemisier à pois
Sur une jupe
en soie,

La mode, j'en ai
assez !
J'ai décidé de tout
révolutionner !

Les tailleurs
B.C.B.G.,

C'est assez !
Chez Saint-Laurent,
Une veste à
volants
Sur un pantalon
blanc,

Non, vraiment la
mode,
J'en ai assez !
Pour cette soirée,
Je vais porter

Un pantalon serré
Coupé au mollet.

Chez Divine
Un tailleur bleu
marine
En tissu « jean »

La mode, j'en ai
assez !
C'est décidé.
Je mets un blouson

déchiré,
Une chemise
délavée

Et enfin, chez
Chloé
Un pantalon très
serré
Coupé au mollet
Un blouson déchiré,
Une chemise
délavée,

Ah, non décidément
J'en ai assez !
J'en ai assez !
Ce soir, c'est décidé,
Je remets
Mon tailleur
B.C.B.G.

Visite médicale 🎧

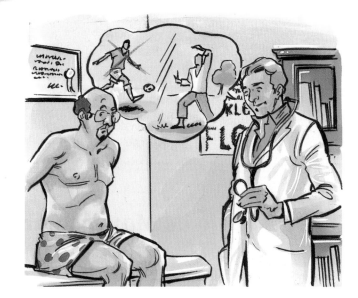

LE MÉDECIN : Monsieur Lepic, vous avez eu des problèmes cardiaques, pas graves, mais quand même… Et vous voulez faire du foot !

MONSIEUR LEPIC : Donc, vous me déconseillez d'en faire…

LE MÉDECIN : Oui, absolument. Et en plus, vous avez mal aux genoux !
Si vous voulez faire du sport, ne faites pas de sports violents !
Croyez-moi, faites de la gymnastique douce, du taï-chi…

MONSIEUR LETELLIER : On me demande un certificat médical pour m'inscrire à des séances de gymnastique dans un club.

LE MÉDECIN : Vous avez raison, vous êtes toujours dans un bureau. Il faut faire de l'exercice !

M. LETELLIER : Oui, j'ai décidé d'en faire trois fois par semaine.

LE MÉDECIN : C'est bien, vous avez du courage !

M. LETELLIER : Non, de la motivation.

MADAME LETELLIER : Docteur, j'ai fait du cheval avec ma fille et je me suis tordu la cheville, je me suis fait vraiment mal !

LE MÉDECIN : Madame Letellier, ne faites pas de folies ! Soyez prudente ! À votre âge, l'équitation, c'est déconseillé. Je vous l'ai déjà dit le mois dernier, il vaut mieux faire du yoga !

MME LETELLIER : Oui, vous avez raison, je vais en faire. Il y a un club à côté de chez moi et je vais m'inscrire !

> L'impératif :	> Les verbes pronominaux :	> Le pronom complément *en* :
Ne faites pas de sports violents ! **Croyez-moi**, faites du yoga !	Il est préférable de **s'inscrire**. Je **me suis fait** mal…	Vous faites du sport ? Oui, **j'en** fais.

Le sport à la maison

> *Pour faire de la gymnastique :*

il est bien sûr préférable de s'inscrire dans un club, mais si vous avez des problèmes d'emploi du temps, vous pouvez en faire à domicile.

Il existe aujourd'hui des appareils tout à fait simples :

☞ Pour travailler les bras, les jambes et les abdominaux, utilisez les poignées montées sur élastique !

11€

☞ Pour les poignets et les chevilles, prenez des haltères souples !

25€ *la paire*

☞ Pour les jambes, mollets, cuisses et fessiers, pédalez dans votre appartement avec ce superbe vélo !

100€

> *Vous n'avez pas le temps pour faire du sport :*

vous avez mal au dos, vous êtes stressé(e). Pour être en forme, pour vous relaxer au bureau, vous pouvez pratiquer quelques exercices de gym faciles à réaliser :

1 Pour vous détendre, commencez par un exercice facial : fermez les yeux, dilatez les narines, ouvrez la bouche, étirez tous les muscles du visage…

2 Asseyez-vous sur une chaise : mettez les mains derrière la nuque, pieds bien à plat sur le sol, redressez-vous ; penchez la tête en avant.

3 Pour vous étirer : levez-vous, penchez-vous en avant, prenez appui sur votre bureau, bras tendus et tirez ! Vous devez sentir vos épaules et votre dos.

4 ....
....
À la fin des exercices, allongez-vous et reposez-vous !

activités

1. **Écrivez les mouvements correspondant à l'image 4.**

2. **Relevez les expressions utilisées pour conseiller.**

3. **Trouvez le contraire du verbe *conseiller* : ≠ ......**

4. **Relevez les verbes utilisés pour les mouvements. Que remarquez-vous ?**

OUTILS

vocabulaire

1 **Le corps**

a. Donnez le nom des différentes parties du corps

le bras	le genou	la tête
la cheville	la jambe	le tronc
le coude	la main	le ventre
la cuisse	les orteils	le visage
les doigts	le pied	
l'épaule	le poignet	

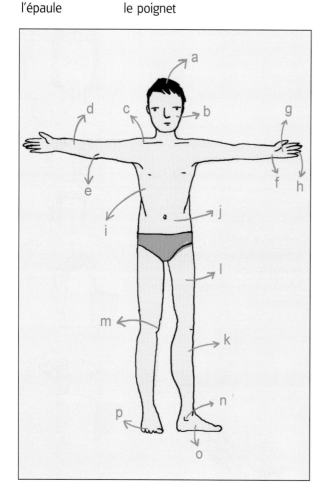

b. Chassez l'intrus

1. la cheville − le coude − le poignet
2. le mollet − les doigts − la cuisse
3. le ventre − les seins − le genou
4. le dos − les abdominaux − la nuque
5. l'œil − la main − le nez
6. les orteils − le pied − la main
7. les doigts − le pied − la main
8. les cils − le nez − les yeux*
9. les narines − le nez − les oreilles

Attention !
*un œil − des yeux

2 **Les mouvements**

a. Indiquez pour chaque dessin une action ou une position de la liste.

1. se lever − 2. s'étirer − 3. se pencher − 4. marcher − 5. sauter − 6. tirer − 7. tendre − 8. courir .

A

B
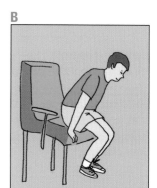

C
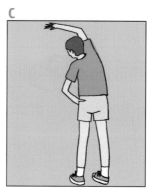

D
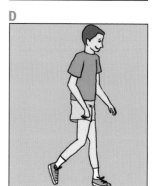

E
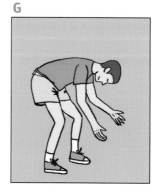

F
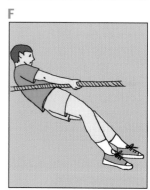

G

H

b. Indiquez pour chaque dessin une position de la liste.

1. *debout* (se mettre debout – se lever)
2. *assis* (s'asseoir)
3. *couché* (se coucher, s'allonger)

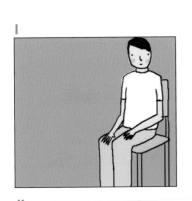

J

K

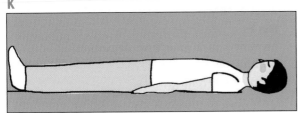

c. Vous êtes moniteur d'aérobic, animez une séance.

(3) Les sports

a. Indiquez le nom de chaque sport sur le dessin ci-contre.

*le karaté – le football – le ping-pong – le judo –
le handball – les agrès – la course – le volley-ball –
le basket – l'équitation – la gymnastique –
la natation – le tennis*

b. Ils se sont inscrits dans un club.

Écoutez les dialogues 🎧 et notez quels sports ces personnes pratiquent.

1.	
2.	
3.	
4.	
5.	
6.	

c. Quels sports faites-vous ?

*Je fais ...
Je voudrais faire
j'aimerais faire ...*

Les arts martiaux

Les sports d'équipe

L'athlétisme

OUTILS

grammaire

① *Avoir mal à...*

Observez.

Ils se sont fait mal au club de gym.
Ils vont chez le médecin.

Dites où ils *ont mal*.

> **articles contractés**
> (rappel)
>
> à + le = au
> à + la = à la
> à + l' = à l'
> à + les = aux

② L'article partitif (suite)

a. Écoutez et observez.

— Docteur, je voudrais faire l'exercice mais je ne veux pas m'inscrire dans un club ; je déteste ça, il y a trop de gens.

— Madame Letellier, vous avez **du** temps et **de l'**argent ; faites **du** sport chez vous, prenez un professeur à domicile.

— Il faut **du** courage !

— Et **de la** motivation !

> **L'ARTICLE PARTITIF** (rappel)
> Le partitif peut-être utilisé :
> • avec des mots désignant des aliments
>   Exemple : **du** poisson, **de la** viande
> • avec des mots désignant des activités
>   Exemple : **du** karaté, **de la** gymnastique
> • avec des mots désignant des qualités
>   Exemple : **du** courage, **de la** motivation

b. Complétez le dialogue avec un article partitif *du, de la, de l'*.

Vous aimez le sport ?
— Oui, je fais ...... sport dans un club.
— Aujourd'hui les clubs de gym ont ...... succès. Beaucoup de gens s'inscrivent.
— Moi, je fais ...... athlétisme quatre fois par semaine.
— Il faut ...... temps !
— Non, ... détermination !

③ *Ne pas de...* (rappel)

Mettez ces phrases à la forme négative.

1. Je veux faire du basket.
2. Vous avez eu des problèmes cardiaques.
3. Il faut faire de l'équitation.
4. Vous achetez des appareils pour faire du sport.
5. Tu fais de la natation.

> **À LA FORME NÉGATIVE** (rappel) :
> *pas de*
> *Exemples : Je ne mange pas **de** poisson.*
> *Je ne fais pas **de** karaté.*
> *Je n'ai pas **de** courage.*

④ Le pronom complément *en*

a. Écoutez et observez.

— Vous faites **de la** natation ?
— Oui, j'**en** fais tous les samedis.
— Et **du** ping-pong ?
— Non, je n'**en** fais pas.

> **LE PRONOM** *en* :
> remplace un nom avec un article partitif :
> *du.../de la.../de l'.../des* + nom → *en*
> *Exemples :*
>
> *Je mange **du** poisson.*   *Oui, j'**en** mange.*
> *   **de la** viande.*   *Non, je n'**en** mange pas*
> *   **des** légumes.*
>
> *Je fais   **du** sport,*   *Oui, j'**en** fais.*
> *   **de l'**équitation.*   *Non, je n'**en** fais pas.*

b. Imitez le dialogue de a. : remplacez *natation* par d'autres activités sportives.

grammaire

c. Écoutez les questions. Faites une réponse en utilisant le pronom complément *en.* 🎧

1. 💬 — Oui,......   4. 💬 — Oui, ...
2. 💬 — Oui, ...   5. 💬 — Oui, ...
3. 💬 — Oui, ...   6. 💬 — Oui, ...

d. Complétez le dialogue par un pronom complément *le, la, l'* **ou** *en.*

— Vous habitez le Quartier latin ?
— Oui.
— C'est un quartier sympa ; il y a des cinémas, des librairies, des restaurants !
— Oui, il y ...... a beaucoup !
— Vous connaissez le restaurant « Chez Émile » ?
— Oui, je ...... connais, j'adore leur soupe au pistou, j'...... prends tout le temps !
— Et que pensez-vous des desserts ?
— Je n'...... mange pas, je suis au régime et je ...... trouve trop sucrés.
— Ah bon ! moi, je ...... adore, ce que je préfère c'est la salade de fruits !
— Ah ! cette salade j'...... prends tout le temps, je ...... trouve excellente et c'est diététique !

5 Les verbes pronominaux

a. Observez.

— Aujourd'hui, je **m'inscris** dans un club pour faire du sport !
— Oui, pour **se détendre** après le travail, c'est bien !

> **CERTAINS VERBES SONT PRONOMINAUX :**
> • Quand le sujet et le complément du verbe représentent le même objet ou la même personne, on utilise un pronom réfléchi.
>   *Exemple :* Je *me* lève. → je = me

b. Conjuguez les verbes entre parenthèses au présent de l'indicatif.

Le matin, je *(se lever)* à sept heures, je vais dans un club de sport, pour faire de la gymnastique.
Je *(se détendre).* Je fais, par exemple, cet exercice de yoga : je *(s'asseoir),* je *(se redresser),* les mains sur les genoux et je *(s'étirer).* Ensuite je *(s'allonger)* et je *(se reposer).* C'est simple et c'est très relaxant avant d'aller travailler.

Présent de l'indicatif

	se lever	s'asseoir
je	me lève	m'assois
tu	te lèves	t'assois
il/elle	se lève	s'assoit
on	se lève	s'assoit
nous	nous levons	nous assoyons
vous	vous levez	vous assoyez
ils/elles	se lèvent	s'assoient

· *me, te, se* → *m', t', s'* devant une voyelle ou un *h* muet

c. Réécrivez le texte de b. à la 2ᵉ personne du singulier *(tu),* **puis du pluriel** *(vous).*

6 L'impératif à la forme négative
Ne faites pas de...

Si vous voulez faire du sport

Soyez prudent !
Ne faites pas de folies.
Protégez votre corps !

L'impératif

être	faire
Sois	Fais
Soyons	Faisons
Soyez	Faites

Imaginez d'autres slogans pour des affiches de prévention du ministère de la Santé.

7 L'impératif des verbes pronominaux

a. Observez.
Asseyez-vous sur une chaise et **détendez-vous** !
Puis **levez-vous**, **penchez-vous** et **étirez-vous** !

Verbes pronominaux à l'impératif

se lever
Lève-toi !
Levons-nous !
Levez-vous !

b. Mettez ces phrases à l'impératif :
– à la 2ᵉ personne du singulier *(tu).*
– puis à la 1ʳᵉ personne du pluriel *(nous).*

OUTILS

grammaire

8 Les tournures impersonnelles

a. Observez.

Il faut faire des exercices.
Il vaut mieux faire du yoga.
Il est préférable de s'inscrire dans un club.

Donner un conseil, faire une recommandation

il faut	+ verbe à l'infinitif
il vaut mieux	+ verbe à l'infinitif
il est préférable de	+ verbe à l'infinitif

b. Donnez des conseils à un ami pour être en forme.

> **Notes de grammaire**
>
> ■ *Observez :*
> Je me suis tordu **le** genou.
> J'ai mal **au** genou.
>
> ■ **si** *peut être :*
> › *une conjonction marquant la condition :*
> **Si** vous avez des problèmes d'emploi du temps…
> › *une réponse affirmative :*
> — Vous n'aimez pas faire du sport ?
> — **Si**, j'aime en faire.
>
> ■ **en**
> › *préposition* (rappel) :
> **en** Normandie, **en** train, **en** 1906, **en** soie
> › *pronom complément*
> J'**en** mange, J'**en** fais…

phonétique

1 Sons /f/, /v/

a. Écoutez. 🎧

– *il faut* → On entend /**f**/.
– *il vaut* → On entend /**v**/.

b. Écoutez et répétez. 🎧

2 Écoutez et répétez. Entraînez-vous à bien articuler /f/ **ou** /v/ ! 🎧

3 Écoutez et répétez. Entraînez-vous à bien articuler /f/ **et** /v/ ! 🎧

4 Écoutez. Quelle phrase entendez-vous : a **ou** b ? 🎧

1. a. C'est vrai. / b. C'est frais.
2. a. Il va falloir beaucoup plus. / b. Il va valoir beaucoup plus.
3. a. C'est en verre. / b. C'est en fer.
4. a. C'est à l'envers. / b. C'est un enfer !
5. a. Une belle voix. / b. Une belle foi.
6. a. Je vais voir. / b. Je fais voir.
7. a. C'est un vent fort. / b. Cet enfant est fort.
8. a. Il est affalé. / b. Il est avalé.
9. a. Je fais vite. / b. Je vais vite.
10. a. J'ai un grand fils. / b. J'ai un grand vice.

graphie

5 a. Écoutez et lisez les mots suivants. 🎧

facile – préférer – offrir – fête – physique – victoire – veuve – ville – photo – éléphant – affaires – téléphone – philosophie – difficile – efficace – coffre – offre – voiture – vacances – vélo

b. Observez bien l'écriture de ces mots : classez-les dans le tableau ci-dessous.

Le son /f/			Le son /v/
s'écrit *f*	s'écrit *ff*	s'écrit *ph*	s'écrit *v*
facile	difficile	physique	victoire
…	…	…	… •••

6 Observez. 🎧

sporti**f** → sporti**ve**   neu**f** → neu**ve**   bre**f** → brê**ve**

7 Complétez par les lettres *v, f, ff,* ou *ph.* 🎧

Pour rester en bonne …orme …ysique, il …aut …aire …réquemment du sport. Il …aut mieux é…iter les sports …iolents, qui sont mau…ais pour le cœur. …aites du …élo, de la gymnastique ou de la natation : ce sont des acti…ités très e…icaces. É…idemment, il …aut aussi é…iter de manger trop sucré ou trop gras. Mangez équilibré et …arié. Moti…ez-…ous, la santé c'est la …ie !

8 Dictée 🎧

PARLER

1. **À votre avis, quelles sont les activités physiques conseillées et déconseillées, si vous avez les problèmes suivants ?**

Vous êtes trop gros...
Vous êtes nerveux...
Vous êtes cardiaque...
Vous avez mal au dos...

de la marche à pied
de la natation
du volley-ball
de la gymnastique
du yoga
de la course à pied

du karaté
de l'équitation
du tennis
du football
du ping-pong

LIRE - ÉCRIRE

2. **À partir de ces deux articles, rédigez une fiche avec huit conseils pour garder la ligne et avoir une alimentation saine.**

Gardez la ligne !

• Aujourd'hui, nous travaillons dans un bureau, nous prenons l'ascenseur, nous nous déplaçons en voiture… Nous sommes devenus sédentaires. Les médecins recommandent une activité physique régulière trois fois par semaine et de la marche à pied trente minutes par jour.

• Le sport permet de combattre l'obésité. Si vous faites une heure de natation, vous perdez 250 calories ; pour une heure de marche : 150.

Faites le calcul !

L'obésité chez les moins de 16 ans, alerte rouge !

14% des moins de 16 ans ont un problème d'obésité. Depuis 10 ans, le nombre d'obèses augmente. Les médecins s'inquiètent. Il faut reprendre de bonnes habitudes : trois repas équilibrés par jour, avec des légumes, de la viande, du poisson, un laitage et des fruits. Le petit déjeuner doit couvrir 15 à 20 % des besoins journaliers, avec des laitages, des fruits, des céréales.

■ Pour le goûter, il est préférable de prendre un fruit ou un laitage plutôt que des biscuits, des gâteaux, des chips, des barres chocolatées...

■ Le soir, il faut manger léger. Il est préférable de prendre les repas à heure fixe.

1.   5.
2.   6.
3.   7.
4.   8.

 ÉCOUTER

3. **Écoutez les dialogues. Vous êtes chez le médecin.**

a. **Dites de quoi souffrent ces patients..**

b. **Que doivent-ils faire pour améliorer leur santé ?**

	a. Ils ont mal où ? Où ont-ils mal ?	**b.** Qu'est-ce qu'ils doivent faire ?
Dialogue 1		
Dialogue 2		
Dialogue 3		

DOCUMENTS

Vie *pratique*

Faites du sport

● À Paris, on peut pratiquer presque tous les sports. Il y a bien sûr des stades et des piscines, des clubs de gymnastique dans tous les quartiers, des cours de danse de tous les pays, mais aussi de plus en plus de pistes cyclables. Il y a des courts de tennis et des patinoires. On peut faire du jogging, jouer au basket sous le métro aérien, faire du skateboard sur des terrains aménagés.

● Certains soirs, la circulation est interrompue pour laisser la rue à de longues randonnées à rollers dans la ville. Les quais de la Seine sont fermés aux voitures le dimanche et tout le monde en profite pour se dépenser.

● Plus original, on peut aussi faire du canoë-kayak sur la base nautique de la Villette, ou pratiquer la varappe sur les murs d'escalade du 14ᵉ et du 15ᵉ arrondissements.

1. Vrai ou Faux ?

	V	F
a. On peut s'entraîner à Paris pour faire de l'escalade.	☐	☐
b. On peut faire du saut en parachute à Paris.	☐	☐
c. On peut faire de la danse orientale à Paris.	☐	☐
d. La mairie de Paris prend des mesures pour que la pratique du sport soit plus facile.	☐	☐
e. On peut pratiquer la natation dans la Seine.	☐	☐

L'œil *du sociologue*

Faites du sport

Les Français font de plus en plus de sport : la moitié de la population déclare avoir une activité sportive. C'est un loisir, c'est un plaisir mais de plus en plus, on fait du sport pour entretenir son corps et sa santé. Le sport est perçu comme la meilleure façon de rester en forme, d'éviter certains problèmes de santé, de parvenir à arrêter de fumer et surtout de garder la ligne, voire de maigrir.

Les sports doux qui comprennent une certaine philosophie de la vie (par exemple le yoga), sont très en vogue, notamment à Paris.

Le sport de haut niveau et sa médiatisation a une influence sur les comportements sportifs des Français. Les gens jouent toujours plus au tennis au moment du tournoi de Roland-Garros.

Et après les jeux d'Athènes, où l'équipe de France de natation a brillé en remportant de nombreuses médailles, les clubs de natation ont enregistré une hausse de presque 30 %.

2. a. Le sport tient-il une place importante dans votre pays ?
b. Quels sports y sont pratiqués ?
c. Le sport est-il également associé à la santé et aux régimes dans votre culture ?

Le journal **à plusieurs voix**

adrienpetit11@wanaduu.fr

Je me suis inscrit à un club de gym qui organise un stage de randonnée en juillet dans les Pyrénées. Qui veut venir avec moi ?

emilieletellier.Franceville@Hitmail.fr

Tu sais le sport, c'est pas trop mon truc, j'ai déjà fait du ski, du tennis, de la voile. Je suis nulle, nulle ! Alors, un stage de randonnée… Enfin, on peut essayer, mais si je suis de mauvaise humeur ou si je me casse une jambe, tu ne vas pas m'en vouloir…

adrienpetit11@wanaduu.fr

Une jambe cassée, non merci ! Finalement, je te conseille d'éviter le sport !

emilieletellier.Franceville@Hitmail.fr

Bon, Adrien ne veut pas de moi en randonnée. Dommage, j'adore la montagne !

Moi, j'ai trouvé un professeur de gymnastique formidable. Il vient tous les mardis chez ma copine.

adrienpetit11@wanaduu.fr

Ah ouais… Qu'est-ce que tu préfères, la gym ou le prof ?

CURIEUX ?

Entrez vite sur le forum et essayez d'en savoir plus, sur ce nouveau prof de gym.

Le scénario **de Maxime Garin**

Isabelle entre dans le hall de l'hôtel, suivie par l'homme bizarre. Yvan se précipite mais c'est déjà trop tard, le réceptionniste et le portier sont étendus sur le sol, tous les deux blessés. Isabelle a été emmenée de force par l'individu. Ils ont pris la sortie de secours. Yvan appelle un médecin.

> **Imaginez le dialogue entre les blessés, le médecin et Yvan. Vous devez donner des détails précis et nombreux sur l'état de santé des victimes.**

En poème **ou en chanson** 🎧

Un, deux, trois,	Tous ensemble,	Un bras en l'air,	Mal aux genoux ?	Un, deux, trois,
Baissez les bras,	Levez les jambes,	Une main par terre,	Mal au cou ?	Baissez les bras,
Pliez les genoux,	Battez des pieds	Jambes serrées	Pour maigrir,	Pliez les genoux,
Tendez le cou.	Et respirez.	Puis écartées,	Il faut souffrir,	Tendez le cou…
Allongez-vous,	Asseyez-vous,	Relâchez-vous,	Que voulez-vous ?	
Allongez-vous.	Asseyez-vous.	Relâchez-vous.	Que voulez vous ?	

BILAN 3

Vous connaissez...

1 Les pronoms indirects *lui* et *leur*

Associez ces éléments pour faire une phrase.

1. Vous téléphonez à votre sœur ?
2. Tu écris à Vincent ?
3. Je les connais.
4. Nadia joue dans une pièce de Marivaux.

a. Le metteur en scène lui a proposé un rôle.
b. Je leur ai vendu mon appartement.
c. Oui, je lui téléphone le lundi.
d. Oui, je lui envoie des courriels.

2 Le pronom complément *en*

Répondez à ces questions par une phrase affirmative et négative en utilisant le pronom *en*.

1. Vous faites du sport ?
2. Vous mangez de la viande ?
3. Vous avez du courage ?
4. Vous mangez des légumes ?

3 Les pronoms compléments

Complétez les dialogues. Utilisez les pronoms *le, la, l', les, en, lui, leur.*

1.
— J'ai déjeuné la semaine dernière avec Nadia Ledoux.
— Tu … connais ?
— Oui, elle habite à côté de chez moi.
— Tu … trouves comment ?
— Elle est sublime !

2.
— Tu connais le restaurant à l'angle de la rue Custine ?
— Oui, je … connais, c'est un bon restaurant, j'adore leur poulet au citron !
— Ah bon, moi je ne … aime pas, je préfère la soupe au pistou, j'… ai pris la semaine dernière.
— Tu as proposé aux Askerlof de déjeuner dans ce restaurant ?
— Oui, je … ai proposé et alors, il y a un problème ?
— Mais ils n'aiment pas du tout la cuisine française !

3.
— Émilie fait de la gymnastique !
— Ah bon, elle … fait ?
— Oui, le lundi.
— Tu … as parlé ?
— Non, je … ai envoyé un courriel.

4 Les pronoms relatifs

Complétez les phrases avec le pronom relatif qui convient.

1. Je voudrais la jupe … est dans la vitrine.
2. La jupe … je trouve sympa est dans la vitrine.
3. Ce soir, on va chez Vincent, vous mettez la jupe … vous va bien ?
4. Où as-tu mis la jupe rouge … je mets tout le temps ?

5 Les pronoms démonstratifs

Complétez les dialogues avec *celui de / celle de…*
celui que / celle que…
celui qui / celle qui…

a.
— Regarde la photo de la soirée chez Jeanne !
— Oui, il y avait Lucie, elle porte la robe bleue, tu sais …… ma mère lui a donnée.
— Et toi, tes chaussures sont bizarres, elles ressemblent à …… Depardieu dans *Tenue de soirée*.
— Ah bon ? Et toi tu as le costume de ton père ?
— Non pas du tout ! c'est …… j'ai acheté chez « Basboul » il y a un mois. Il est très à la mode.
— À la mode des années 60 !

b.
— Jeanne, il faut faire de la gymnastique !
— J'en fais !
— Et quels exercices fais-tu ?
— Je fais …… sont dans le magazine *Bonne Forme*.
— Moi, je me suis inscrit dans un club, …… la « Porte Saint-Martin », c'est à côté de chez moi.
— Eh bien, moi, je préfère faire du sport chez moi, j'ai acheté des haltères.
— …… sont aussi dans la publicité du magazine *Bonne Forme* ?

6 Les verbes pronominaux au présent de l'indicatif

Complétez avec le pronom qui convient.

1. Elle fait des exercices de gymnastique. En premier, elle … étire, puis elle … penche en avant.
2. J'ai mal au dos et je ne dois pas … pencher.
3. Vous devez … inscrire dans un club pour faire du sport.
4. Nous … levons le matin à 7 heures.
5. Asseyez-…, les mains derrière la nuque, et puis levez-…

7 Le futur proche

Réécrivez ces phrases au futur proche.

1. La semaine prochaine, je travaille au resto U.
2. Ce soir, on va chez Vincent, je mets ma jupe en cuir et ma veste rouge. Je pars en voiture avec Hugo, il vient à 20 heures.
3. Cet après-midi, nous prenons le R.E.R., nous allons à Franceville voir nos parents.
4. Lundi prochain, on se retrouve en face du musée Gauguin.
5. Samedi prochain, Émilie et Jeanne sortent avec Vincent. Ils vont au cinéma.

8 L'imparfait : *être* et *avoir*

Imaginez cet homme en 1970.

Aujourd'hui →   **En 1970**

1. Il est chauve. →
2. Il a une moustache. →
3. Il est gros. →
4. Il a 56 ans. →
5. Il est boucher. →

Aujourd'hui →   **En 1970**

6. Il a une maison. →
7. Il est propriétaire. →
8. Il a une voiture. →
9. Il est marié. →
10. Il a trois enfants. →

Vous savez...

1 Décrire une personne

Décrivez les personnes suivantes.

1. Mademoiselle Gaclet   **2.** Maxime Axel   **3.** Maxime Garin

2 Exprimer votre opinion

Expimez votre opinion sur :
1. ce spectacle

2. cette personne   **3. ce vêtement**

3 Vous plaindre

Dites où ils ont mal :

1

2

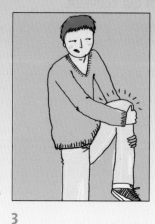
3

4

4 Donner des conseils

Imaginez les dialogues.

1
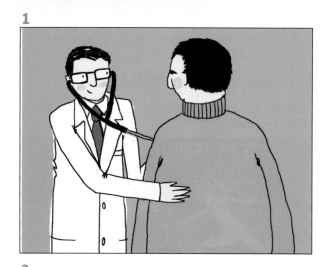

2

3

4

DELF A1 · CECR

A Compréhension de l'oral

1. Écoutez ce dialogue et répondez aux questions. 🎧

a. Cette conversation se passe :

chez le dentiste. ☐ chez le médecin. ☐

dans un magasin. ☐

b. De quoi souffre le patient ? – Il a mal :

aux dents. ☐ au poignet. ☐ à la tête. ☐

c. Pourquoi le patient souffre-t-il ?

Il a eu un accident. ☐ Il est malade. ☐

d. Quel est son traitement ? – Il doit :

prendre des médicaments. ☐ se reposer. ☐

suivre un régime. ☐

2. Écoutez cette séance de gymnastique à la radio. Cochez les bons exercices. 🎧

3. Écoutez cette conversation dans un magasin et répondez aux questions. 🎧

a. Que choisit-elle ?

une jupe ☐ un pantalon ☐ une robe ☐

b. En quelle taille ?

36 ☐ 38 ☐ 40 ☐ 42 ☐

c. Le vêtement est de quelle couleur ?

rouge ☐ bleu ☐ noir ☐

d. Quel est le prix ?

25,50 euros ☐ 52,95 euros ☐ 45,99 euros ☐

② Compréhension des écrits

1. Vous venez de recevoir ce message.

Invitation

Salut Jeanne,
Mon frère Vincent pend la crémaillère :
Samedi 27 novembre à 20 heures
Est-ce que tu peux venir ?
Apporte une bouteille de vin.
Voici son adresse : 22, rue Christine, 75006 Paris,
6ᵉ étage, code 2106B, Métro : Odéon
À samedi, je t'embrasse
Émilie

Répondez aux questions suivantes :

a. Pourquoi Vincent fait-il une fête ?

C'est son anniversaire. ☐ C'est le 14 juillet. ☐

C'est la fête de la musique. ☐

Il vient d'emménager dans un nouvel appartement. ☐

b. Qui a écrit cette carte ?

Son amie Émilie. ☐ Sa sœur Émilie. ☐

Sa mère Émilie. ☐

c. Pourquoi a-t-elle écrit cette carte ?

Pour accepter une invitation. ☐

Pour refuser une invitation. ☐

Pour remercier son amie. ☐

Pour inviter son amie. ☐

d. Qu'est-ce que Jeanne doit apporter ?

....

DELF A1 · CECR

2. Programme

TF 1

14:00 Sport - Football : France-Italie.
14:55 *Le Quartier latin*, documentaire.
16:25 Téléfilm : *La Banlieue parisienne, c'est sympa !*
18:00 Dessins animés : *Carton*.
18:45 Pièce de théâtre : *La Double Inconstance*, de Marivaux.
20:00 Journal.
20:55 *Le Resto U*, policier d'Yvan Le Perche.

FRANCE 2

14:00 *Trouver son 1er emploi*, débat animé par Lacrainte.
15:05 *Mal au dos ?* Émission médicale.
15:45 Handball : France-Chine.
16:50 *Les Villages de Normandie*, documentaire.
19:00 Téléfim : *Jupe en cuir et bottes en caoutchouc*.
20:00 Journal.
20:55 *Le train part ce soir*, western de Cassidi.

FRANCE 3

14:00 Défilé de mode Lescroix.
15:10 *Franceville de 1900 à nos jours*, documentaire.
15:50 Basket : France-Allemagne.
16:55 Téléfilm : *Debout !*
19:00 *La cuisine*, émission animée par Roblochon.
19:20 Dessin animé : *Ogive*.
20:00 Journal.
20:55 *L'hôpital aujourd'hui ?* documentaire.

Canal +

13:40 Quinté Plus.
14:00 Téléfilm : *Ne faites pas n'importe quoi*.
15:30 *Quels sports ?* émission médicale.
16:35 Football : France-Pologne.
17:50 *Rambouillet*, documentaire.
18:55 *Louer ou acheter son appart*, débat animé par Sainte-Claire.
20:00 Journal.
20:55 *Chantez !* comédie musicale de La Cigale.

FR 5 / Arte

14:00 *L'emploi sur le Net*, débat animé par Artichaut.
15:20 *Les régimes*, émission médicale.
16:00 *La cuisine en Bretagne*, documentaire.
16:40 *Le Malade imaginaire*, pièce de théâtre de Molière.
19:10 Arte info.
20:00 Journal.
20:55 *Racontez Berlin*, documentaire de Manfred.

M 6

14:00 *Star système*, téléfilm.
15:40 *Charmes*, feuilleton.
16:00 Petite ville.
16:50 Grande ville.
17:50 Dessins animés : *Donald au resto U*.
18:10 *Des jours et des jours puis des jours*.
18:50 *Amour toujours*.
19:30 *Les bing bangs*, musique.
20:00 Journal.
20:55 *Urgences sur la côte*, policier de William Garin.

a. Vous voulez voir le téléfilm *Jupe en cuir et bottes en caoutchouc*.
À quelle heure passe-t-il ? .... Sur quelle chaîne ? ....

b. À quelles heures sont les émissions de sport sur chaque chaîne ?
1. TF1 : ....   2. France 2 : ....   3. France 3 : ....
4. FR 5/ ARTE : ....   5. M6 : ....   6. Canal + : ....

c. Combien y-a-t-il de documentaires qui traitent d'une région française ? ....

C Production écrite

1. **Vous écrivez une carte postale à un ou une ami(e). Vous racontez une journée. Parlez de votre travail, de vos activités.**
2. **Vous écrivez un article dans un magazine féminin. Vous présentez ces trois modèles de vêtements :**

D Production orale

1. **Expliquez ce qu'il faut faire pour être en bonne santé.**
2. **Décrivez votre acteur (actrice) préféré(e).**
3. **Donnez des conseils à un(e) ami(e) qui voudrait devenir acteur (actrice).**

VOYAGES

En voiture ! · *unité 10*

Savoir
- Proposer
- Accepter
- Refuser
- Faire des projets
- Parler des transports individuels

Connaître
- Le futur simple de l'indicatif
- Le passé récent
- Les verbes pronominaux au passé composé
- Les superlatifs
  le/la/les plus/moins
  le meilleur/la meilleur
  les meilleurs/les meilleures
- Le pronom complément de lieu *y*

Sur la route · *unité 11*

Savoir
- Exprimer l'obligation/ l'interdiction
- Reprocher
- Donner des conseils, faire des recommandations (suite)
- Parler de la météorologie
- Raconter un événement

Connaître
- Le partitif (rappel)
- Le passé composé et l'imparfait
- Les articles partitifs (suite)
- Le futur simple (rappel)

En vacances · *unité 12*

Savoir
- Raconter
- Se situer dans le temps
- Faire des projets
- Proposer
- Accepter, refuser
- Exprimer une opinion
- Exprimer ses goûts, ses préférences
- Se justifier
- Argumenter

Connaître
- Le genre des noms de pays
- Les prépositions de lieu
- Les pronoms compléments de lieu *y, en*

Révision
- Les compléments de temps
- Le passé composé, l'imparfait
- Le futur simple

oral

Projet de voyage 🎧

JÉRÔME : Bonjour Hugo, c'est Jérôme.
HUGO : Comment tu vas ?
JÉRÔME : Très bien, je t'appelle parce que Marie et moi nous avons décidé de faire une petite fête pour Noël. Tu es libre ?
HUGO : Oui, d'ailleurs ça tombe bien, je viens d'acheter une voiture.
JÉRÔME : J'en ai déjà parlé à Vincent et Émilie, ils sont d'accord pour venir.
HUGO : Super !

HUGO : Allô Vincent, c'est Hugo.
VINCENT : Salut Hugo !
HUGO : Je t'appelle à propos de l'invitation de Jérôme.
VINCENT : Oui, il m'a téléphoné.
HUGO : Je me suis acheté une voiture d'occasion, presque neuve, il y a quinze jours. Elle a seulement 10 000 kilomètres. On peut faire le voyage ensemble.
Si tu veux, je passe te prendre à Paris.
VINCENT : C'est très gentil, mais j'ai déjà mon billet.
HUGO : Comme tu voudras…

VINCENT : Ce n'est pas vrai ! On n'a pas encore pris les billets ?
ÉMILIE : Non.
VINCENT : Tu ne penses pas y aller en voiture ?
ÉMILIE : Si, pourquoi… ?
VINCENT : Parce qu'il vient d'avoir son permis !…
Il n'a jamais conduit !
Moi, je ne suis pas d'accord. Je n'y vais pas !

ÉMILIE : Allô Hugo, c'est Émilie. Moi, je n'ai pas pris mon billet. Donc, si vous avez de la place, je viendrai avec vous.
HUGO : Pas de problème ! Et puis tu parleras un peu avec Jeanne, c'est mieux qu'Internet.

> Les superlatifs :
  Le plus grand confort !
  Tulipo, la meilleure des voitures !

> Le pronom complément de lieu y :
  Tu ne penses pas y aller en voiture ?

La Tulipo, la meilleure des voitures !

J'ai essayé la Tulipo, elle a d'énormes atouts : trois mètres de long, c'est appréciable pour se garer ! Un petit modèle aussi performant que le gros : la puissance de son moteur est de 110 chevaux !

Elle est sûre, nerveuse et fiable ; sa distance de freinage est de 200 mètres à 130 kilomètres-heure par temps sec, une belle performance ! Sa consommation est de 5 litres pour 100 kilomètres, le meilleur record !

● Sous des allures de petite voiture, elle offre une capacité étonnante. Quatre personnes y sont parfaitement à l'aise, et malgré ses deux portes, c'est une vraie 4 places. La capacité de son coffre permet d'y ranger facilement deux valises et deux sacs de voyage, sans retrouver ses vêtements chiffonnés ou ses objets écrasés.

● On vous offre une option : un toit ouvrant et des fenêtres qui se ferment quand vous mettez la clé dans la serrure. Pour les conducteurs peu expérimentés ou paresseux, elle existe en conduite automatique.

● Conçue au départ pour la ville, c'est une voiture qui vous donnera pleine satisfaction sur route. Avec elle, vous traverserez la France entière en toute sécurité et dans le plus grand confort !

activités

1. **Relevez le vocabulaire utilisé pour décrire une voiture.**

2. **Relevez les expressions utilisées pour refuser une proposition.**

3. **Observez la construction des verbes.**

> **Le futur simple de l'indicatif :**
Cette voiture vous **donnera** pleine satisfaction sur route. Avec elle, vous **traverserez** la France entière en toute sécurité !

> **Le passé récent :**
Je **viens d'acheter** une voiture.
Il **vient d'avoir** son permis !

> **Les verbes pronominaux au passé composé :**
Je **me suis acheté** une voiture.

1 Les transports individuels

Trouvez une publicité pour ces véhicules à 4 ou 2 roues. Vous pouvez utiliser les mots suivants.

puissant – rapide – fiable – spacieux – solide – confortable – sûr – performant – silencieux – économique – bon marché

la vitesse – le conducteur – le moteur – la conduite – kilomètres-heure

2 Les routes

Placez sur les cartes les expressions et mots suivants.

une autoroute – une départementale – une nationale – une station-service – un parking – un feu rouge – un rond-point – une piste cyclable

A

La voiture

B

La camionnette

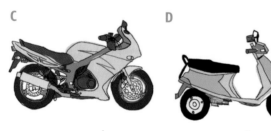

C

La moto

D

Le scooter

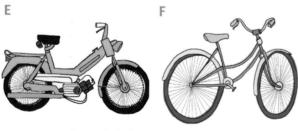

E

La mobylette

F

Le vélo

G

Les patins à roulettes, les rollers

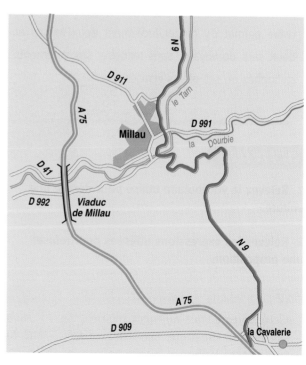

3 La voiture

a. Écoutez cette conversation et écrivez 🎧 **sur le tableau de bord, le nom des divers éléments.**

Le tableau de bord
la boîte à gants – l'autoradio – le rétroviseur – le pare-brise – le volant – la clé de contact

b. Indiquez la légende.

les sièges avant – le siège arrière – la carrosserie – les phares – la portière – la ceinture de sécurité – le coffre – le pneu – la roue

L'intérieur

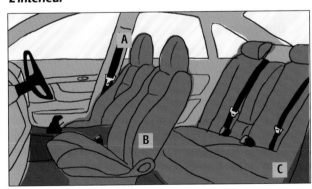

L'extérieur

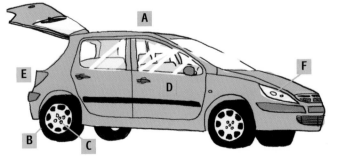

4 Les services

Complétez les annonces publicitaires avec les expressions et mots suivants.

essence – dépannage – tombez en panne – marques – réparations – chauffeur – diesel – véhicule – garez

A

LE SERVICE VOITURIER CITROËN
Vous manquez de temps.
Notre .... vient chercher
votre véhicule pour effectuer les
.... et le ramène à
l'heure et au lieu convenus.

B

SOS panne d'essence
Paris-Île-de-France

Vous .... d'essence.
C'est simple : ....votre véhicule
sur le bord de la route et téléphonez
avec votre mobile ou allez à la borne
téléphonique la plus proche et nous
vous apporterons un jerricane.

C

Les locations
sans chauffeur
Déménagement, déplacement
en province...

Vous voulez un ....
pour une journée, une semaine,
un week-end. Citroën à Paris
vous propose un large choix
de modèles : .... et
....

D

ASSISTANCE
ET REMORQUAGE
Toutes ....
sur Paris
24 H / 24 et 7 jours / 7
tél : 08 10 56 48 49

5 Les papiers d'identité du véhicule

Complétez les phrases avec le mot qui convient.

une assurance – le permis de conduire – la carte grise

1. On apprend à conduire : on passe un premier examen écrit, le code de la route, puis un examen de conduite. Si on est reçu, on obtient ....

2. Quand on achète une voiture, il faut prendre ....

3. On trouve le numéro d'immatriculation du véhicule sur ....

OUTILS

grammaire

1 Le futur simple de l'indicatif

a. Observez.

Conçue pour la ville et la route, la Tulipo vous **donnera** pleine satisfaction. Vous **pourrez** vous garer facilement en ville. Sur la route, vous **traverserez** la France en toute sécurité.

FORMATION DU FUTUR SIMPLE :

• Verbes en -*er* et -*ir*

Verbe à l'infinitif + terminaisons du futur

> *Exemples* : *traverser* → *je traverserai*
>
> *sortir* → *tu sortiras*

• Pour les verbes dont l'infinitif finit par un -*e*

On supprime le *e* du radical + terminaisons du futur.

> *Exemple* : *attendre* → *j'attendrai*

> **Attention !**
> Il y a des exceptions :
> | *aller* | *courir* | *faire* | *être* |
> |---|---|---|---|
> | *j'irai* | *je courrai* | *je ferai* | *je serai* |
---

b. Mettez les verbes du dialogue entre parenthèses au futur simple.

— Le mois prochain, je (*prendre*) ma voiture. Je (*aller*) voir Jeanne à Strasbourg. Nous (*faire*) les magasins. Nous (*aller*) déjeuner dans un restaurant typique. Les parents de Jeanne ne (*être*) pas à la maison. Sa mère (*travailler*) et son père (*partir*) voir son fils à Nantes.
Tu (*venir*) avec nous ?

— Non, Strasbourg c'est loin et puis c'est toi qui (*conduire*) et tu viens d'avoir ton permis de conduire !

c. Hugo, Émilie et Jeanne iront en voiture chez Jérôme et Marie pour Noël. Ils font des projets. Imaginez la conversation.

Dans la voiture :
parler / discuter

Sur la route :
s'arrêter à une station service
manger / boire

Chez Jérôme et Marie :
retrouver des amis / fêter Noël

... **Conjugaison : futur simple de l'indicatif**

	parler	aller	venir	faire
je/j'	parlerai	irai	viendrai	ferai
tu	parleras	iras	viendras	feras
il/elle	parlera	ira	viendra	fera
on	parlera	ira	viendra	fera
nous	parlerons	irons	viendrons	ferons
vous	parlerez	irez	viendrez	ferez
ils/elles	parleront	iront	viendront	feront

2 Le passé récent

a. Observez.

— Tu **viens d'avoir** ton permis de conduire ?
— Oui, et je **viens de m'acheter** une voiture.

b. Mettez les verbes en italique au passé récent.

Allô ? Le service dépannage ?
Je voyage sur l'A6. *J'ai* une panne d'essence.
J'ai appelé mon assurance qui me dit qu'ils ne peuvent pas venir parce qu'*il y a* un accident en direction de Millau.

ON EMPLOIE LE PASSÉ RÉCENT :

• pour une action qui a eu lieu récemment.
venir de* au présent + verbe à l'infinitif
> *Exemple : Je viens d'acheter une voiture.*
>
> → (il y a très peu de temps)

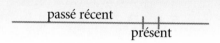
---

* *d'* devant une voyelle et *h* muet

3 Les verbes pronominaux au passé composé (suite)

a. Observez.

Vous n'allez pas me croire !
J'ai pris ma voiture. **Je me suis arrêté(e)** devant un club de gym. **Je me suis garé(e)** rue Custine et **je me suis inscrit(e)** à des séances de karaté. J'ai voulu essayer, **je me suis étiré(e)** et **je me suis fait** mal au dos. Avant de partir, **je me suis allongé(e)** et **je me suis reposé(e)**. Puis, je suis rentré(e) chez moi et **je me suis couché(e)**. J'ai téléphoné au médecin et je suis resté(e) couché(e) trois jours !

LE PARTICIPE PASSÉ :

• s'accorde en genre et en nombre avec le sujet du verbe :
> *Exemples : Je me suis levé(e).*
> *Je me suis garé(e).* } *je* → *me*
>
> *Lucie* → *Elle s'est garée.*
> *Hugo* → *Il s'est garé.*
> *Lucie et Hugo* → *Ils se sont garés.*
---

b. Remplacez *je* par *elle* puis, par *ils*.

4 Les superlatifs

a. Observez.

Le moteur le plus puissant.
L'allure la plus élégante.
Ne cherchez pas, c'est la Tulipo.
Tulipo, c'est la meilleure des voitures !

> FORMATION DU SUPERLATIF :
> - *le/la/les plus*
> - *le/la/les moins* } + adjectif
>
> *C'est la voiture **la plus petite**.*
> *C'est la voiture **la moins rapide**.*

> SUPERLATIF DE *bon* =
> *le meilleur*
> *la meilleure*
> *les meilleurs*
> *les meilleures* } + nom
>
> *C'est **la meilleure** voiture du parking.*

b. Comparez les fiches techniques de ces voitures en utilisant des superlatifs.

modèle	marque	puissance	vitesse maximum	consommation (litres/100 km)	prix (€)
Mégane	Renault	80 ch	170	5,6	15 050
Laguna	Renault	210 ch	235	7,3	36 150
407	Peugeot	117 ch	201	6,2	19 500
C8	Citroën	138 ch	185	7,3	26 700

c. Écrivez un slogan sur ces publicités. Utilisez les superlatifs.

5 Le pronom complément de lieu *y*

a. Observez.

Cette petite voiture offre une capacité étonnante, 4 personnes **y** sont parfaitement à l'aise. On **y** range facilement deux valises et deux sacs de voyage.

> LE PRONOM *y* :
> - remplace un complément de lieu. C'est le *y* de destination.
>
> *Exemples :* — *Tu vas à Paris ?*
> — *Oui, j'y vais.*
> — *Moi, je n'y vais pas.*

OUTILS

grammaire

b. Associez les questions et les réponses.

1. Vous allez au théâtre tous les samedis ?

2. Vous restez chez vous ce soir ?

3. Cinq personnes rentrent dans la voiture ?

4. La bouteille d'eau est dans la boîte à gants ?

a. Oui, elles y rentrent.

b. Non, elle n'y est pas, elle est dans le coffre.

c. Non, je n'y reste pas.

d. Oui, j'y vais.

c. Remplacez le complément de lieu par le pronom _y_.

1. Je ne vais pas au bureau à 17 heures.

2. Je vais au cinéma tous les lundis.

3. Je ne déjeune pas au restaurant « Chez Émile » à midi.

4. J'habite à Toulouse.

5. Je travaille dans mon bureau.

6. Je range mes vêtements dans l'armoire.

7. Je ne mets pas les tee-shirts dans le tiroir de la commode.

d. Écoutez les questions. Trouvez une réponse : **remplacez le complément de lieu par le pronom _y_.**

1. 💬 .... 4. 💬 ....

2. 💬 .... 5. 💬 ....

3. 💬 .... 6. 💬 ....

phonétique

① /s/, /z/

a. Écoutez. 🎧

– _poisson_ → On entend /**s**/. – _poison_ → On entend /**z**/.

b. Écoutez et répétez. 🎧

c. Écoutez et répétez. 🎧 **Entraînez-vous à articuler.**

② /s/ ou /z/ ?

Quel son entendez-vous ? 🎧

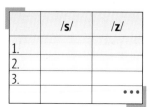

	/**s**/	/**z**/
1.		
2.		
3.		
		•••

Notes de grammaire

pourquoi _mot interrogatif,_
› _pour poser une question sur la cause :_
— Pourquoi tu me dis ça ?

parce que* _expression de la cause,_
› _réponse à_ **pourquoi ?** :
— Parce qu'il n'a jamais conduit.

*_qu'_ devant _a, e, i, o, u, y_ et _h_ muet

ou ≠ **où**
Tu prends le train **ou** la voiture ? → choix
Où habites-tu ? → interrogation sur le lieu.

déjà, jamais
— Tu as **déjà** acheté une voiture ?
— Non, je n'ai **jamais** acheté de voiture.
› _négation :_ **ne**… verbe… **jamais**

graphie

③ **Écoutez et lisez les mots suivants.** 🎧 **Classez-les dans le tableau selon la prononciation et l'orthographe.**

Exemples : **s**uper – e**ss**ayer – op**tion** – **c**einture – con**ç**ue – à l'ai**s**e – **z**ig**z**aguer

appréciable – aussi – nerveuse – valises – sacs – proposer – occasion – carrosserie – vitesse – attention – ça – Vincent – performance – accident – réaction – stress – zoo – décidé – ensemble – presque

On entend le son /**s**/				On entend le son /**z**/		
On écrit	s	super		On écrit	s	à l'aise
	ss	essayer			z	zigzaguer
	tion	option				
	c	ceinture				
	ç	conçue				

④ **Écoutez. Complétez avec**
– _s_ **si vous entendez le son** /z/, 🎧
– **ou** _ss_ **si vous entendez le son** /s/.

J'aime les voitures nerveu…es et pui…antes mais au…i spacieu…es et silencieu…es.
Un ami me propo…e de m'en vendre une d'occa…ion mais elle est ro…e, cette couleur me met mal à l'ai…e !

⑤ **Dictée** 🎧

126 /cent vingt-six / UNITÉ **10**

situations

🗨 PARLER

1. Préparez un voyage à Paris avec des amis. Vous discutez :
– des moyens de transport ;
– de l'heure de départ ;
– du lieu de rendez-vous.

✎ ÉCRIRE

2. Vous êtes journaliste. Vous travaillez dans le magazine *Auto-Moto-Plus*.

Ce magazine organise un concours.

a. Trouvez trois questions à poser aux lecteurs sur les voitures.

1. .... ?   2. .... ?   3. .... ?

b. Rédigez le descriptif de chaque prix.

Grand concours AUTO - MOTO PLUS

1ᵉʳ prix

2ᵉ prix

3ᵉ prix

4ᵉ prix

Stage de pilotage pour voiture de course

📖 LIRE

3. Lisez ce texte et répondez aux questions.

> **Les avantages du scooter**

Trop d'embouteillages, trop de stress… Et si vous rouliez en scooter ?

Dans les grandes villes, à Barcelone, Paris, Rome, on voit beaucoup de scooters. Aujourd'hui, on se déplace plus qu'avant sur ces engins à deux roues parce que ce sont les plus adaptés à la circulation en ville : idéal pour circuler et se faufiler entre les voitures, pratique à garer sur un petit bout de trottoir… Dans les villes, on va plus vite en scooter qu'en voiture, et c'est moins cher. Avec un simple permis de conduire, on peut conduire un scooter jusqu'à 125 cm³.

Attention, la pratique d'un deux roues demande plus d'attention et de prudence que celle d'une automobile ! Si les scooters sont les véhicules les plus faciles à conduire (ils ont tous une boîte de vitesse automatique) et les plus maniables, le danger peut venir… des autres. Pour ne pas avoir d'accident, il ne faut pas zigzaguer entre les voitures, ne pas doubler à droite et mettre son casque.

Vrai ou Faux ?

	V	F
1. En ville, le moyen de transport le plus rapide est la voiture.	☐	☐
2. Pour se garer en ville, le plus pratique, c'est un véhicule à deux roues.	☐	☐
3. Les scooters n'ont pas de boîte de vitesse automatique.	☐	☐
4. Il faut un permis moto pour rouler en scooter.	☐	☐
5. Avec un scooter, on peut se faufiler entre les voitures et éviter les embouteillages.	☐	☐
6. On peut doubler les voitures par la droite.	☐	☐

🎧 ÉCOUTER

4. Écoutez ces publicités : remplissez les fiches techniques des voitures.

	a	b	c
marque			
modèle			
puissance			
consommation (l/100)			
vitesse *km/h*			
prix (€)			

DOCUMENTS

Vie **pratique**

Permis de conduire : le papier rose

● Passer son permis est une vraie épreuve, c'est long, c'est difficile et ça coûte cher !

● D'abord, il faut choisir son auto-école, puis passer son code (la partie théorique). Par souci d'économie, les jeunes n'achètent en général que 20 heures de formation pratique mais souvent, cela ne suffit pas et on doit repasser son permis et payer des heures supplémentaires. On peut passer son permis à 18 ans, à l'âge de la majorité ou à 16 ans, en conduite accompagnée : après le code, on conduit 3 000 kilomètres avec un tuteur, puis on passe l'examen.

● Aujourd'hui, les jeunes conducteurs ont un permis probatoire[1]. S'ils commettent trop d'infractions[2] (par exemple, des excès de vitesse) pendant trois ans, ils perdent des points sur leur permis et ils devront repasser entièrement l'examen. Les grands dangers de la route pour les jeunes sont l'alcool et la vitesse. La route est la première cause de mortalité pour les 15-24 ans.

---
1. Un permis provisoire pour faire ses preuves.
2. Fautes de conduite.

1. Vrai ou Faux ?

	V	F
a. Le permis de conduire est donné automatiquement à la majorité.	☐	☐
b. La route est le premier danger mortel pour les 15-24 ans.	☐	☐
c. Le permis se passe en deux étapes : théorie et pratique.	☐	☐
d. Quand on passe son permis à 16 ans, on n'a le droit de conduire qu'avec son père.	☐	☐
e. On peut se faire retirer son permis si on conduit mal.	☐	☐

L'œil **du sociologue**

Les Français et leur voiture

Les Français ont une relation forte et complexe à leur voiture. Presque chaque famille en possède une et dans certaines familles, chaque personne en âge de conduire a une voiture. Ils ne peuvent s'en passer et l'utilisent même pour des tout petits trajets. Ils y passent un temps considérable (parfois trois heures par jour, à cause des embouteillages en région parisienne), mais ils préfèrent encore cela aux trains de banlieue. Ils font attention à la vitesse et à la consommation d'alcool au volant, principalement à cause des contrôles de police. Ils y tiennent beaucoup, leurs réactions sont parfois excessives lorsqu'une voiture est juste un peu abîmée ou rayée au cours d'un petit accident. D'une façon contradictoire, les Français critiquent sans cesse la pollution, les bouchons, les difficultés de stationnement et le bruit. Mais ils sont très peu nombreux à faire l'effort de rouler moins vite ou de prendre les transports quand il y a un pic de pollution.

2. a. Que pensez-vous de l'importance que les Français accordent à leurs voitures ?
b. Comment définissez-vous le comportement des gens concernant la conduite et leur véhicule dans votre pays ?

Le journal à plusieurs voix

emilieletellier.Franceville@Hitmail.fr

Bonjour Jeanne. Alors, on va faire un petit voyage ensemble ? Quelle perspective ! 500 km pour discuter !

jeannekeller.Strasbourg@Fraa.fr

Surtout que la voiture d'Hugo est confortable ! Bien sûr, c'est une voiture d'occasion mais presque neuve. Les fauteuils sont profonds ; on peut s'y endormir.

emilieletellier.Franceville@Hitmail.fr

Ça fait longtemps qu'Hugo a son permis ?

jeannekeller.Strasbourg@Fraa.fr

Pas du tout ! Ça fait seulement 3 mois et il l'a passé 3 fois !
Surtout, ne le dis pas, il est très susceptible ! La première fois, il a grillé un feu rouge, et la deuxième fois, il n'a pas réussi à se garer.

emilieletellier.Franceville@Hitmail.fr

Dis donc, tu es sûre qu'on peut partir avec lui ?

À VOUS !

Participez au forum. Racontez un voyage « terrifiant » en compagnie d'un mauvais conducteur.

Le scénario de Maxime Garin

Yvan est en fait inspecteur de police, il interroge un employé d'une boutique située derrière l'hôtel. Celui-ci a vu l'individu jeter Isabelle dans une grosse voiture ; ils étaient suivis par un motard.

> **Rédigez l'interrogatoire : Yvan a besoin d'une description très précise de la voiture et de la moto pour lancer un avis de recherche.**

En poème ou en chanson

Mettre la clé Dans la serrure, Se serrer dans la voiture	Rouler, tourner, Freiner, s'arrêter Pour déjeuner Au milieu des prés	Arriver Fatigués, Chiffonnés, Poser ses paquets	Ouvrir les volets, S'allonger, Paresser, Faire le tour du quartier	Rêver, Retrouver Les couleurs, Les odeurs Qu'on avait oubliées,
Comme tous les étés, Comme tous les étés…	Comme tous les étés, Comme tous les étés…	Comme tous les étés, Comme tous les étés…	Comme tous les étés, Comme tous les étés…	Comme tous ces étés passés Qu'on ne voudrait pas oublier.

oral

Au volant ! 🎧

JEANNE : Le feu était rouge quand tu as démarré.
HUGO : Pas du tout, il était vert.
JEANNE : Non, je te dis qu'il était rouge !
HUGO : Tu veux prendre le volant ?

LE GENDARME : Vos papiers, Monsieur !
HUGO : J'ai commis une infraction ?
LE GENDARME : Vous rouliez à 95 kilomètres-heure.
HUGO : Ça fait seulement 5 kilomètres à l'heure de plus.
LE GENDARME : Vous êtes sur une nationale, vous devez ralentir. Je voudrais voir vos papiers.
HUGO : Ils sont dans le coffre.
LE GENDARME : Il faut les garder sur vous !
HUGO : C'est un délit ?
LE GENDARME : Non, pas encore !

HUGO : Je crois que je me suis trompé. Ce n'est pas la bonne route…
JEANNE : Après Millau, il fallait prendre la première à droite !
HUGO : Il fallait me le dire avant !
JEANNE : Ce n'est pas grave, on a le temps…

> **Le passé composé et l'imparfait :**
> Le feu **était** rouge quand
> tu **as démarré**.

> **L'article partitif** (rappel) :
> Il y aura **de la** pluie.

Week-end

le 24 décembre

Les routes seront chargées ce week-end de Noël.

Traditionnellement, c'est un des week-ends les plus meurtriers de l'année : 250 accidents et 85 morts l'année dernière.

Attention, donc, aux consignes de sécurité : la ceinture doit être attachée, y compris pour les passagers à l'arrière.

La vitesse est limitée à 50 kilomètres-heure en agglomération, 90 kilomètres-heure sur route et à 130 kilomètres-heure sur l'autoroute.

Si vous allez vers le Sud, évitez de partir avant 12 heures et après 17 heures.

Bulletin météo du 24 décembre à 7 heures du matin

Lille 6°
Brest 9°
Rennes 11°
Paris 8°
Strasbourg −1°
Toulouse 10°
Marseille 12°

❄ Ce week-end s'annonce froid et gris. Une perturbation arrivera par l'ouest de la France. Du nord au sud de la Bretagne, le ciel sera couvert et il y aura de la pluie. Du Bassin parisien à l'est de l'Hexagone, il y aura des éclaircies.

❄ Mais en fin de matinée, la perturbation s'étendra et le ciel se voilera. Sur les reliefs, il neigera au-dessus de 1 000 mètres. Attention au risque de verglas !
Côté mercure, les températures seront légèrement au-dessus des normales saisonnières : un minimum de −1° à Strasbourg, 8° à Paris et un maximum de 12° à Marseille.

le 26 décembre

Cette journée était classée rouge. Heureusement, les automobilistes ont été prévoyants. Ils ont évité de partir avant 12 heures et après 17 heures.

Quelques embouteillages se sont tout de même produits sur l'autoroute A4 et aux alentours de Millau. Mais dans l'ensemble, la circulation était plutôt fluide, malgré la météo qui était mauvaise. Contrairement aux prévisions, il n'y a pas eu de verglas.

❄ ❄ ❄ ❄ ❄ ❄ ❄ ❄

activités

1. **Relevez le vocabulaire utilisé pour parler de la météo.**

2. **Observez le temps des verbes et classez-les.**

Passé	Futur

> **Le futur simple** (suite) :

Une perturbation **arrivera** par l'ouest de la France. Du nord au sud de la Bretagne, le ciel **sera** couvert et il y **aura** de la pluie.

OUTILS

1 Les panneaux de signalisation

a. Observez.

1.
virage
à droite

2.
succession
de virages

3.
passage
piétons

4.
limitation
de vitesse

5.
sens
interdit

6.
défense de
tourner à droite

7.
tourner à
droite à la
prochaine
intersection

8.
aller tout
droit

9.
voie réservée
aux véhicules
des services
réguliers
de transports
en commun

10.
fin de
limitation
de vitesse

11.
fin de
passage
pour
piétons

12.
fin de voie
réservée aux
services
réguliers de
transports
en commun

b. Classez ces panneaux.

Obligation	Interdiction	Autorisation	Danger
....	....	....	....
....	....	....	....
....	....	....	....

c. Expliquez un panneau de chaque catégorie.

Il faut / il ne faut pas ....
On doit / on ne doit pas ....

C'est interdit de ......

C'est autorisé de ....
Il est permis de ....
On peut ....

Attention ! ......
C'est dangereux de ......

2 La météo

Les températures
a. Observez.

— Combien fait-il ?
— Il fait 30° (degrés).
— Il fait trente.

— Combien fait-il ?
— Il fait −10° (degrés).
— Il fait moins dix.

b. Associez les deux colonnes.

1. Il fait −10°.   a. Il fait chaud.
2. Il fait 30°.   b. *Il fait bon (doux).*
3. *Il fait 20°.*   c. Il fait frais.
4. Il fait 10°.   d. Il fait froid.

Le temps
c. Observez.

Il fait beau.
Le soleil **brille**.
Le ciel est bleu.
Il y a du soleil.

Il fait mauvais.
Il fait gris.
Le ciel **est couvert**.

Il pleut.
La pluie **tombe**.

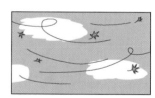
Il y a du vent.
Le vent **souffle**.

Il y a de l'orage.
Un orage **éclate**.
Il y a des éclairs.

Il neige.
La neige **tombe**.

d. Indiquez la bonne réponse.

Attention !
certaines phrases peuvent avoir deux réponses.

1. Il fait combien ?
a. Il fait 25°. ❏
b. Il fait chaud. ❏
c. Il fait beau. ❏

2. Quel temps fait-il ?
a. Il fait mauvais. ❏
b. Il pleut. ❏
c. Il fait 15°. ❏

3. Le ciel est bleu.
a. Le soleil brille. ❏
b. Il fait beau. ❏
c. Il y a des nuages. ❏

4. Le ciel est couvert.
a. Il fait gris. ❏
b. Il fait beau. ❏
c. Il fait 10°. ❏

5. Il fait mauvais.
a. Il pleut. ❏
b. Il neige. ❏
c. Il y a du soleil. ❏

6. Il neige.
a. Le ciel est bleu. ❏
b. Le ciel est couvert. ❏
c. Il y a des éclairs. ❏

7. Le vent…
a. souffle. ❏
b. éclate. ❏
c. tombe. ❏

Le bulletin météo

e. Quel temps fera-t-il ? Complétez le bulletin météo pour les 7 jours à venir : indiquez la signification de chaque symbole.

soleil – belles éclaircies – nuageux, courtes éclaircies – très nuageux – couvert – averses – bruines ou pluies – orages – brouillard – neige – verglas

	matin		après-midi	
lundi	1	☀	2	🌤
mardi	3	🌧	4	🌦
mercredi	5	🌥	6	🌤
jeudi	7	☀	8	⛈
vendredi	9	❄	10	
samedi et dimanche	11	🌧	12	⚡

**f. Regardez la carte.
Dans quelle ville y aura-t-il du soleil ?
Quelle sera la ville où il fera le plus froid ? Et celle où il fera le plus chaud ?**

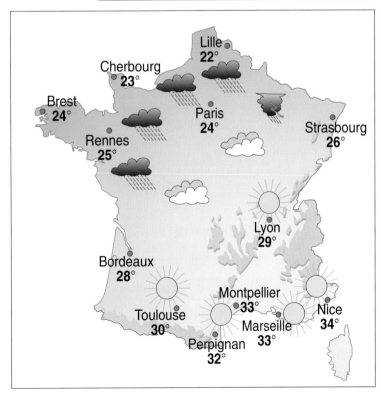

Lille 22°
Cherbourg 23°
Brest 24°
Paris 24°
Strasbourg 26°
Rennes 25°
Lyon 29°
Bordeaux 28°
Montpellier 33°
Nice 34°
Toulouse 30°
Marseille 33°
Perpignan 32°

grammaire

1 L'article partitif (rappel)

a. Observez.

Le matin le ciel sera couvert, il y aura **de la** pluie et **du** brouillard.

LE PARTITIF

peut être utilisé avec des mots désignant des éléments naturels :

Exemples : **du** *vent,* **de la** *pluie,* **du** *brouillard…*

b. Complétez avec un article partitif.

1. Il fait beau, il y a … soleil, mais il y a … vent.
2. Cet après-midi, il y aura … orage.
3. Demain, il fera mauvais, il y aura … pluie, … verglas et … brouillard.

2 Le présent et le futur simple de l'indicatif (suite)

Écrivez les prévisions météorologiques pour les deux cartes suivantes :

Quel temps fait-il aujourd'hui ?
Quel temps fera-t-il demain ?

Aujourd'hui

Demain

3 Formation de l'imparfait de l'indicatif (suite)

Observez.

Vous **étiez** sur une nationale et vous **rouliez** à 95 kilomètres-heure.

L'IMPARFAIT DE L'INDICATIF SE FORME
• à partir du radical de la 1re personne du pluriel au présent de l'indicatif : *nous av(ons).*
• + les terminaisons de l'imparfait : *-ais, -ais, -ait, -ions, -iez, -aient.*

	Présent	Imparfait
avoir	nous *avons*	av…
aller	nous *allons*	all…
Sauf		
pour le verbe *être* :		j'étais, tu étais…

Conjugaison : imparfait de l'indicatif

	avoir	aller	être
je/j'	avais	allais	étais
tu	avais	allais	étais
il/elle	avait	allait	était
on	avait	allait	était
nous	avions	allions	étions
vous	aviez	alliez	étiez
ils/elles	avaient	allaient	étaient

b. Complétez le tableau des conjugaisons à l'imparfait de l'indicatif.

	aller	rouler	faire*	partir
je/j'	allais			
tu	allais			
il/elle	allait			
on	allait			
nous	allions	*roul*	*fais*	*part*
vous	alliez			
ils/elles	allaient			

*Attention !
Présent de l'indicatif : *nous faisons*

4 Le récit : le passé composé et l'imparfait

a. Observez.

Je **roulais** sur une départementale, la circulation **était** fluide, il **faisait** beau. Quand un orage **a éclaté**, je me **suis garé** sur le bord de la route, **j'ai attendu** et **j'ai vu** passer la voiture jaune de Hugo !

ON EMPLOIE LE PASSÉ COMPOSÉ ET L'IMPARFAIT pour construire un récit.
• *L'imparfait* décrit quelqu'un ou quelque chose (rappel). Il donne les informations de « second plan ».
• *Le passé composé* indique les événements.
Il donne les informations de « premier plan ».

Le décor

Informations « de second plan »

Je roulais sur une départementale, la circulation **était** fluide, il **faisait** beau.

L'histoire

Informations « de premier plan »

Quand un orage **a éclaté**, je me **suis garé** sur le bord de la route, **j'ai attendu** et **j'ai vu** passer la voiture une de Hugo !

b. Racontez une histoire. Utilisez les éléments suivants.

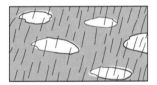

c. Classez les verbes de votre histoire.

Le décor   L'histoire

Informations « de second plan »	Informations « de premier plan »
. . . .	. . . .
. . . .	. . . .
. . . .	. . . .
. . . .	. . . .

d. Mettez les verbes entre parenthèses au temps du passé qui convient.

La journée du 15 août (*être*) classée rouge. La circulation (*être*) fluide. Sur l'autoroute A9 aux alentours de Digne, un accident (*se produire*) et (*ralentir*) la circulation. Il y (*avoir*) des embouteillages sur 15 kilomètres entre Digne et Sisteron.
Les automobilistes (*partir*) avant 11 heures du matin. La météo (*être*) bonne.

5 Faire des reproches

a. Écoutez et observez.

— Je crois que je me suis trompé, ce n'est pas la bonne route.
— Après Millau, **il fallait prendre** la première à droite.

b. Vous êtes en voiture. Vous indiquez l'itinéraire au conducteur qui s'est trompé.

Vous allez visiter la tour Eiffel.
Vous êtes place de l'École militaire à l'angle de l'avenue de la Motte-Piquet.
Le conducteur prend l'avenue Duquesne.

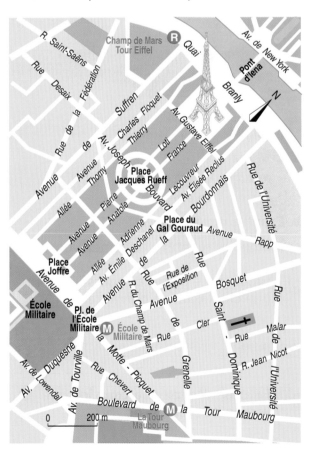

OUTILS

grammaire

c. Donnez des conseils ou faites des recommandations à un automobiliste (suite).

> il faut / il fallait / il faudrait
>
> tu dois / tu devais / tu devrais
>
> vous devez / vous deviez / vous devriez
>
> Il vaut mieux ......Il valait mieux ......
>
> Il est préférable de ...... Il était préférable de ......

Devoir ET *il faut* INDIQUENT UNE OBLIGATION.

* *il faut* est une expression impersonnelle.
* *devoir* se conjugue à toutes les personnes.

Notes de grammaire

quand *indique*

› *la simultanéité* :

Le feu **était** rouge quand tu **as démarré**.

› *peut être un mot interrogatif utilisé pour poser une question sur le temps :*

— **Quand** partiras-tu à Millau ?

— Je partirai mardi prochain.

› **quand** + **est-ce que** :

— **Quand est-ce que** tu partiras à Millau ?

Pour exprimer la durée dans la journée, on emploie :

la journée

la matinée   l'après-midi   la soirée

phonétique

1 /p/, /b/

a. Écoutez.
- *poisson* → On entend /**p**/.
- *boisson* → On entend /**b**/.

b. Écoutez et répétez. 🎧

c. Écoutez et répétez : entraînez-vous. 🎧

2 **Écoutez les paires de mots : mettez une croix dans la bonne case.** 🎧

	1.	2.	3.	4.	5.	6.	7.	8.	9.	10.
sons différents										
sons identiques										

3 **Écoutez. Mettez une croix lorsque vous entendez le son /b/.** 🎧

1. ☐   2. ☐   3. ☐   4. ☐   5. ☐   6. ☐

7. ☐   8. ☐   9. ☐   10. ☐

graphie

Attention !

appartement – apprendre – apprécier – apporter

On entend /**ap**/ → **on écrit** *app* (**avec 2** *p*)

MAIS :

apercevoir /**ap**/ → **un seul** *p*

4 **Écoutez et complétez avec les lettres *p, pp* ou *b*.** 🎧

...révisions météorologiques : ...renez votre ...arapluie, temps humide demain sur le ...assin ...arisien. ...rèves a...aritions du soleil dans l'a...rès-midi a...rès la dis...arition des ...rouillards matinaux. ...luies a...ondantes en fin de soirée. Pour ...lus d'informations, a...elez notre numéro national.

5 **Dictée**

👄 PARLER

1. **Vous passez votre permis de conduire. On vous demande d'expliquer les panneaux suivants.**

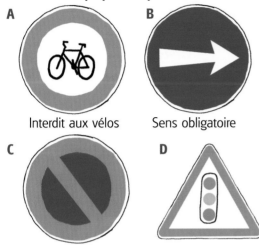

A — Interdit aux vélos

B — Sens obligatoire

C — Interdit de stationner

D — Annonce de feux tricolores

👄 PARLER

2. **Vous êtes avec un ami en voiture place de la République. Il conduit, il se trompe. Vous lui indiquez le bon itinéraire.**

mauvais itinéraire
 bon itinéraire

✏️ ÉCRIRE

3. **Vous êtes journaliste.**

a. **Vous rédigez les prévisions de circulation pour le week-end du 15 août en Île-de-France.**

Le 13 août

❌ Fermeture

🚧 Travaux

✳️ Bouchons, embouteillages

b. **Puis vous rédigez un article pour faire le bilan de la circulation en Île-de-France pendant le week-end du 15 août.**

Le 16 août

🚧 Travaux

✳️ Bouchons, embouteillages

🎧 ÉCOUTER

4. **Écoutez les prévisions de départ de Bison Futé* pour le week-end du 15 août et répondez aux questions.**

a. Quelles sont les consignes de sécurité ?
....

b. Quelles sont les heures de départ conseillées ?
avant : ....   après : ....

c. Quels sont les risques d'embouteillages ?
sur les autoroutes : ...... sur les nationales : ......

d. Quel temps fera-t-il ? ....

* voir page 138.

Vie *pratique*

Bison futé* : une institution
*Tous les Français connaissent **Bison futé**.*

● Drôle de nom pour le Centre national d'information routière, dépendant des ministères de la Défense et de l'Équipement. Quand il y a de gros départs en vacances ou en week-end prolongés, Bison futé donne ses conseils à la radio et à la télévision au moment de la météo. Maintenant, il existe bien sûr un site Internet avec d'innombrables renseignements : bouchons, accidents, travaux, routes fermées, tempêtes, intempéries, inondations... Des cartes routières et météorologiques sont disponibles, ainsi que d'autres rubriques traitant de la sécurité routière en général.

● On peut aller voir à quelle heure il faut partir et rentrer pour éviter les encombrements. Les jours et les horaires sont classés par couleurs, pour indiquer les niveaux de difficulté : vert (le plus facile), orange, rouge et noir (le plus difficile). On peut également faire son itinéraire en donnant le point de départ et d'arrivée : le temps du trajet est estimé et le prix des péages est indiqué.

* www.bisonfute.equipement.gouv.fr ; tél. depuis la France 0826 022 022 (0,15 euros/mn), depuis l'étranger 33 892 687 888.

Prenez la route
avec BISON FUTÉ

1. Complétez avec : *les embouteillages – des prévisions météorologiques – un service – la sécurité routière – des transports.*

a. Bison futé est un centre d'information pour ......

b. Bison futé donne des informations à la télévision au moment ......

c. Bison futé est affilié au ministère de l'Équipement et ......

d. Les conseils de Bison futé portent principalement sur ....

e. Le site Internet de Bison futé est ...... pour le confort et la sécurité des automobilistes.

L'œil *du sociologue*

L'importance de la météo

Les prévisions météorologiques tiennent une place importante dans la vie quotidienne des Français. Presque tout le monde regarde le bulletin météo avant ou après le journal télévisé, certains font même des comparaisons entre les bulletins des différentes chaînes. C'est en fonction de cela que les gens s'organisent et choisissent leurs habits pour le lendemain. Il existe sur le câble une chaîne entièrement consacrée à la météo. Mais certaines personnes encore proches de la nature (par exemple les agriculteurs, les montagnards, les marins...) restent capables de faire eux-mêmes certaines prévisions.

La météo est au cœur de toutes les conversations de politesse (entre voisins, collègues, chez les commerçants et même en famille). Quel que soit le temps, c'est le sujet numéro un pour démarrer une conversation ou sortir d'un silence gênant : « Quel sale temps ! », « Il fait beau aujourd'hui, hein ? », « Ils avaient pas prévu autant de pluie ! ». On critique alors les prévisions qui sont considérées comme peu fiables mais, bien sûr, on continue quand même à les écouter attentivement le soir.

**2. La météo et les prévisions ont-elles autant d'importance dans votre culture ?
Est-ce un sujet de conversation privilégié comme pour les Français ?**

Le journal à plusieurs voix

vincentletellierParis@Wanaduu.fr

Hugo et Jeanne viennent de passer prendre Émilie en voiture. Si tout se passe bien, ils arriveront dans 8 heures. Moi, je prends le train à 11 heures, j'arriverai donc un peu plus tard.

mariecatala.Foix@Yahu.fr

Tu as peut-être bien fait de prendre le train, on annonce beaucoup d'embouteillages. Au moins, ils ne rouleront pas trop vite. N'oublie pas de prendre des gros pulls. Il va faire beau, mais froid ! Heureusement, le soleil brille et la montagne est belle, comme dans la chanson.

vincentletellierParis@Wanaduu.fr

Peux-tu envoyer un courriel à mes parents quand Émilie sera arrivée ? Ils étaient très inquiets !

mariecatala.Foix@Yahu.fr

En fait, c'est toi qui es inquiet. On te passera un coup de fil sur ton portable quand ils seront là, ne l'oublie pas…

À VOUS !

Entrez sur le forum et racontez-leur un voyage en voiture.

Le scénario de Maxime Garin

Yvan : Appel à toutes les unités ! Nous recherchons le véhicule signalé tout à l'heure, tous les moyens doivent être mis en place : suivi en hélicoptère, barrages, contrôles. Faites attention : une femme a été emmenée, elle peut être dangereuse ou peut-être qu'elle est prise en otage.

L'agent : Monsieur, les conditions climatiques sont très difficiles, ça ne va pas arranger les choses.

Yvan : Je sais, il faudra faire avec, équipez vos hommes correctement et appelez le centre météo.

> **Vous devez rédiger un bulletin météo précis pour aider les policiers dans leur poursuite. Le temps est très mauvais, prenez en compte l'état des routes.**

En poème ou en chanson 🎧

Obligation,	À 30 ans,	Les embouteillages,	Sécurité, sécurité !	Au volant
Interdiction,	À 60 ans,	Les virages !	Ceinture attachée	À 20 ans,
Attention	Soyez prudents !		Pour tous les	À 30 ans,
Aux infractions !		Au volant	passagers !	À 60 ans,
Contravention !	En voyage,	À 20 ans,	Ralentissez !	Il faut prendre
	Méfiez-vous,	À 30 ans,	La vitesse, c'est	son temps.
Au volant	surveillez	À 60 ans,	dépassé !	
À 20 ans,	Les orages,	Restez prudents !		

12 En vacances

oral

Entre amis

VINCENT : Tiens, tu as mis une salopette ?
ÉMILIE : Oui, à la campagne, c'est plus pratique !
Il y a des poches pour mettre les outils de jardinage.

ÉMILIE : Du soleil en hiver, le rêve !
LUCIE : Tu exagères, en Normandie aussi, il fait beau !

JEANNE : On va visiter le musée des traditions
occitanes ?
HUGO : Désolé, je suis pris ce soir !
JEANNE : Ah oui, je vois, il y a un western à la télé…
HUGO : Et alors ? Moi, pendant les vacances, j'aime
faire ce qui me plaît !

LUCIE : À l'office du tourisme, j'ai trouvé un
dépliant qui propose une excursion intéressante.
Ça te dirait de faire une excursion à Ax-les-
Thermes ?

SYLVAIN : Avec plaisir, tu veux y aller quand ?
LUCIE : Mardi prochain, ça t'irait ?
SYLVAIN : C'est d'accord, je suis libre !

ADRIEN : Cette fondue, c'est délicieux, c'est toi qui
l'as faite ?
MARIE : Non, c'est mon père.

SYLVAIN : La montagne, c'est tout de même mer-
veilleux !
ÉMILIE : Moi, au bout d'une semaine, la mer me
manque…

JÉRÔME : On recommence l'année prochaine ?
ÉMILIE : Évidemment, et c'est nous qui vous
invitons. Vous verrez, la Normandie, vous n'aurez
pas envie d'en partir !

> **Les pronoms compléments
de lieu y et en :**
  Tu veux **y** aller quand ?
  La Normandie, vous n'aurez
  pas envie d'**en** partir !

> **Les prépositions devant les noms
de pays :**
  J'aimerais passer mes vacances **au** Brésil.
  Je reviendrai **du** Brésil.

J'irai faire un tour **en**
Argentine puis **aux** États-
Unis.

140 /cent quarante / UNITÉ **12**

Le 25 décembre

Chers parents,

Je vous rassure, nous sommes bien arrivés. Nous n'avons pas eu d'accident, juste un petit problème avec un motard, mais ça s'est bien terminé.
Dans le Berry, nous avons eu une petite averse. En Auvergne, il faisait beau et depuis, il fait un temps superbe.
Avant-hier, nous avons visité la région. C'est magnifique, la montagne est couverte de neige ! Je n'ai pas encore fait de ski ; mais hier, j'ai quand même fait de la luge.
Demain, nous visiterons un village médiéval. Il y a un petit marché artisanal où je trouverai sûrement des petits cadeaux !

Après-demain, nous ferons nos valises. Nous terminerons la journée par un bon dîner ! C'est une fondue qui est prévue, je crois.
L'année prochaine, j'aimerais passer mes vacances de Noël à l'étranger et au bord de la mer, peut-être au Brésil ?
Quand je reviendrai du Brésil, j'irai faire un tour en Argentine, puis aux États-Unis. Voilà le programme : un petit circuit sur le continent américain.
Ne soyez pas inquiets ! « Les voyages forment la jeunesse » et j'aime toujours la Normandie. Dans deux ou trois ans, c'est à la maison que nous fêterons Noël. Tenez-vous prêts !

Je vous embrasse, à bientôt !

Émilie

Viaduc de Millau
sur le Tarn,
Aveyron

activités

1. Lucie écrit à ses parents le 25 décembre. Qu'a-t-elle fait les 23 et 24 décembre ? Que fera-t-elle les 26 et 27 décembre ?

3. Que font Vincent, Émilie, Lucie, Jeanne, Hugo, Sylvain, Adrien, Marie et Jérôme pendant leurs vacances ?

2. Faites la liste des compléments de temps et classez-les :

Passé	Futur

> **Les compléments de temps hier, demain… :**
Hier, j'ai quand même fait de la luge.
Demain, nous visiterons un village médiéval.

1 Les paysages

Complétez la lettre d'Émilie avec les mots suivants.

la montagne – la plage – la campagne – la forêt – le port – les champs – la mer

Mardi 7 janvier

Ma chère Valentine

Je suis à .... dans une station de ski, à 15 kilomètres de Foix dans les Pyrénées, c'est très joli. Nous faisons du ski et des balades dans .... de sapins à côté de la station.

L'année prochaine, j'aimerais aller à............... pour me promener sur .... et acheter du poisson frais dans .... J'aime aussi ...., c'est reposant d'être dans la nature. Il y a des troupeaux de vaches dans ...., des fermes.

On verra l'année prochaine où je passerai mes vacances. J'ai encore le temps de décider !

Je t'embrasse très fort.

Émilie

2 Les vêtements

Choisissez les vêtements qu'Émilie emportera pour aller en vacances

– à la mer en été : ....
– à la montagne en hiver : ....
– et à la campagne en automne : ....

une combinaison de ski	*un short*
un anorak	*des chaussettes*
une écharpe	*des bottes en caoutchouc*
un bonnet	*un imperméable*
un maillot de bain	*un pull*
un jean	*un paréo*
une casquette	*des gants*
des après-ski	*des tongs*

3 Les plats régionaux

À votre avis, de quelles régions viennent ces spécialités gastronomiques ?

Pour les régions : regardez la carte de France au début du livre.

La bouillabaisse
Pour 4 personnes

- 2,5 kg de poissons et 1 kg de crustacés
- 2 poireaux
- 3 tomates
- 2 petits piments
- 10 gousses d'ail
- 20 cl d'huile d'olive
- du sel, du poivre, du safran,
- du laurier, du persil
- 2 litres d'eau

La fondue savoyarde

Par personne
- 150 grammes de beaufort ou d'emmental ou de comté

- 1 verre à vin de kirsch
- 1 gousse d'ail
- 10 grammes de beurre

- du sel, du poivre
- du pain coupé en gros dés

Le pot-au-feu

Pour 4 personnes

- 800 grammes de bœuf
- 4 os à moelle
- 2 oignons
- 1 bouquet garni
- 8 carottes
- 8 navets
- 8 poireaux
- 8 pommes de terre
- 1 céleri-rave
- du gros sel

4 Le tourisme

Complétez les phrases avec les expressions et les mots suivants.

la randonnée – un circuit – une excursion – organisés – un guide – l'étranger – syndicat d'initiative – une auberge de jeunesse – une carte – un plan – l'hôtel

a. Vincent emporte dans ses bagages : .... de France et de la région, ... de Luchon. Vincent achète aussi .... touristique de la région. Mais arrivé à Luchon, il sait qu'il pourra avoir des informations sur la région à l'office du tourisme ou au ....

b. Émilie n'aime pas les voyages ...., elle préfère être autonome.

c. Jeanne voudrait faire .... au Mont-Saint-Michel.

d. Émilie préfère dormir dans ...., c'est moins cher que ....

e. Sylvain aime .... ; l'année dernière, il a traversé la Corse à pied.

f. L'agence de voyage « Manoirs » propose .... d'une semaine pour visiter les châteaux de la Loire.

g. Émilie ne veut pas passer les vacances de Noël en France, elle veut aller à ....

5 Les pays et les continents

a. Complétez la grille.

1. Pays d'Amérique centrale.

2. La plus grande île du monde en Océanie.

3. Pays francophone d'Afrique centrale.

4. Le plus grand pays d'Asie.

5. Siège du Parlement européen.

6. Pays au sud de l'Algérie.

7. Pays du Maghreb.

8. Pays d'Amérique du Nord.

9. Pays au nord-est de la France.

10. Archipel en Asie du Sud-Est.

11. Pays d'Amérique du Sud.

12. Pays d'Europe méridionale.

b. Monsieur et madame Letellier ont fait le tour du monde. Écoutez cette conversation et entourez les noms des pays qu'ils ont visités.

En Europe :
la France, l'Espagne, le Portugal, les Pays-Bas, la Hongrie.

En Afrique :
la Mauritanie, l'Éthiopie, le Sénégal, l'Afrique du Sud.

En Amérique :
le Canada, la Colombie, le Chili, l'Argentine.

En Asie :
la Chine, le Japon, la Corée, l'Inde, les Philippines.

En Océanie :
l'Australie, la Nouvelle-Zélande, la Nouvelle-Guinée.

1 Le genre des noms de pays

Associez ces éléments pour faire une phrase.

L'année dernière, j'ai visité
{
le — Mali.
la — Espagne.
l' — Italie.
les — Belgique.
— États-Unis.
— Allemagne.
}

MASCULIN OU FEMININ ?

- *Masculin singulier :*
Les noms de pays qui se terminent par *a, o, i* ou par une consonne.
> *Exemples : le Congo – le Maroc*

- *Féminin singulier :*
Les noms de pays qui se terminent par un *e*
> *Exemples : la France – la Suisse*
> Sauf : *le Zaïre, le Mozambique, le Mexique, le Cambodge*

2 Les prépositions de lieu devant les noms de pays

a. Observez.

L'année prochaine, j'aimerais passer mes vacances de Noël à l'étranger et au bord de la mer, peut-être **au** Brésil ? Quand je reviendrai **du** Brésil, j'irai faire un tour **en** Australie.

masculin singulier	féminin singulier	pluriel
au du/d'	en de/d'	aux des

Verbe + préposition *à*
aller à, habiter à, vivre à...

Verbe + préposition *de*
venir de...

ON EMPLOIE *en* ou *d'*

- devant un nom de pays **singulier** (masculin ou féminin) **commençant par une voyelle.**
> *Exemples : Je vais en Iran et en Israël.*
> *(noms de pays masculins)*
> *Je viens d'Iran et d'Israël.*

b. Associez ces éléments pour faire une phrase.

1. Je suis allé(e)
{
au — Congo. — Belgique.
en — Philippines. — Maroc.
aux — Allemagne. — Australie.
— États-Unis. — Mali.
}

2. Je viens
{
de — Congo. — Belgique.
du — Philippines. — Maroc.
d' — Allemagne. — Australie.
des — États-Unis. — Mali.
}

c. Complétez le dialogue avec :

- **l'article défini** : *le, la, l', les* ;
- **ou les prépositions** : *en, au, aux* **et** *du, de, d', des.*

1. L'année prochaine, je voudrais faire des études à l'étranger. J'aimerais aller … Asie, visiter … Cambodge, … Philippines, … Chine et … Inde.
2. Moi j'ai envie d'aller … Afrique, … Mauritanie ou … Zaïre.
3. Moi, je préfère l'Amérique du Nord, j'aimerais vivre et étudier … États-Unis ou … Canada.
4. Eh bien moi, je reviens … Portugal, … Italie, … Belgique et … Pays-Bas. J'ai visité … Europe, c'était super !

3 Les pronoms compléments de lieu *en* et *y*

a. Observez.

— Vous allez en Normandie ?
— Oui, nous **y** allons la semaine prochaine.
— Vous verrez, c'est sympa, vous n'aurez pas envie d'**en** partir !

> **Attention !**
> Le pronom se place toujours avant le verbe précédé de la préposition.
> *partir (de)*

ON EMPLOIE LE PRONOM *en*
pour indiquer **le lieu d'où on vient.**
- Verbe + préposition *de*
Je viens de Paris. → *J'en viens.*

ON EMPLOIE LE PRONOM *y*
pour indiquer **le lieu où on va.**
- Verbe + préposition *à*
Je vais à Paris. → *J'y vais.*

J'y vais.
→
←
J'en viens.

grammaire

b. Remplacez le lieu par le pronom *y* ou *en*.

Exemples : *Nous allons **à Foix** pendant les vacances.*
→ *Nous **y** allons pendant les vacances.*

1. On peut faire du ski à la montagne. → ....
2. Nous revenons de Luchon. → ....
3. Nous n'avions pas envie de partir de cette ville. → ...
4. Il fait beau à Luchon. → ....
5. À Luchon, il pleut beaucoup. → ....
6. Je sortirai de la bibliothèque à 16 heures. → ....
7. Tu t'inscris à l'université. → ....
8. Vous arriverez à Millau en fin d'après-midi. → ....
9. Si vous passez à Rambouillet, allez visiter le château !
→ ....
10. Nous vivons au Brésil. → ....

c. Complétez le dialogue avec le pronom *y* ou le pronom *en*.
— Demain, j'irai au musée.
— Tu ... seras à quelle heure ?
— Pourquoi ?
— Parce que, moi aussi j'... vais.
— À 14 heures.
— Je préfère ... aller le matin.
— Je ne peux pas, le matin je vais à l'université et j'... sors à 13 heures.

④ Les compléments de temps (rappel)

passé	futur
hier	demain
avant-hier	après-demain
lundi dernier	lundi prochain
la semaine dernière	la semaine prochaine
le mois dernier	le mois prochain
l'année dernière	l'année prochaine
il y a	dans

Conjuguez le verbe entre parenthèses au temps qui convient.

1. Nous *(arriver)* à Foix, **il y a** une semaine. Nous *(rentrer)* **dans** trois jours.
2. Avant-hier, nous *(faire)* une excursion à Lourdes, **hier** nous *(acheter)* des souvenirs au marché artisanal.
3. Demain, nous *(visiter)* l'abbaye et **après-demain** nous *(faire)* une promenade à cheval dans la forêt.
4. Samedi prochain, nous *(partir)* et **la semaine prochaine**, je *(retourner)* travailler.

⑤ Proposer, accepter ou refuser

a. Observez.
— Ça te dirait de faire une excursion à Ax-les-Thermes ?
— Avec plaisir !

proposer
Vous voulez / tu veux… ?
Voulez-vous / veux-tu… ?
Vous voudriez / tu voudrais… ?
Est-ce que vous voulez/voudriez… ?
Est-ce que tu veux / tu voudrais… ?
Ça te/vous dirait de… ?
soutenu : Voudriez-vous… ? / Pourriez-vous… ? / Accepteriez-vous de… ?

accepter	refuser
Oui, merci.	Non, merci.
D'accord.	Dommage…
C'est d'accord.	Je voudrais bien, mais…
Avec plaisir.	Désolé(e)…
Oui, j'aimerais bien.	Je regrette…
Si vous voulez / si tu veux.	Ce n'est pas possible…
Volontiers.	Je ne peux pas….
soutenu : J'accepte votre..	

Rappel
Vouloir
Pouvoir
Aimer
Accepter de
Ça vous dirait de…
} + verbe à l'infinitif

b. Écoutez les dialogues, cochez la bonne colonne et répondez. 🎧

	acceptation	refus	motif du refus
1.			
2.			
3.			
4.			
5.			

OUTILS

grammaire

Notes de grammaire

■ **encore** et **toujours** *se placent*

› *après le verbe :*

Je mets **encore** mon vieux tee-shirt.
Je prends **toujours** ma voiture.

› *et si le verbe est au passé composé,*
entre l'auxiliaire et le participe passé :

J'ai **encore** fait de la luge.
J'ai **toujours** skié.

ATTENTION !

› *À la forme négative :*

Je **n'**ai **pas encore** fait de ski.
n'… pas encore…
Je **n'**ai **toujours pas** fait de ski.
n'… toujours pas…

■ **pendant** *limite la durée d'une action :*

J'ai fait du ski pendant les vacances. ⊢**pendant**⊣
J'ai fait du ski pendant 3 jours.

■ **avoir envie de** + *verbe à l'infinitif*

J'ai envie de partir.

■ **Les prépositions** *devant les noms de*
régions ou de départements :

Dans le Berry, nous avons eu une petite averse,
en Auvergne il faisait beau.

› *On emploie :*

dans le + masculin singulier
en + féminin singulier
dans les + masculin ou féminin pluriel

phonétique

1 /k/, /g/

a. Écoutez.
– *car* → On entend /**k**/.
– *gare* → On entend /**g**/.

b. Écoutez et répétez. 🎧

c. Écoutez et répétez. Entraînez-vous ! 🎧

2 /k/ ou /g/ ?

Écoutez : quel son entendez-vous ? 🎧

	1.	2.	3.	4.	5.	6.	7.	8.	9.	10.
/k/										
/g/										

graphie

3 /k/ et /ks/

Écoutez : classez les mots suivants. 🎧
musique – occasion – inquiets – commencer – accident – cadeaux – d'accord – orchestre – cœur – chœur – manquer – avec – kilo – action – crustacés – kirsch – succès – Mexique (2 possibilités) – sélection – vacances – cinq – taxi

On entend /k/ et on écrit :				On entend /ks/ et on écrit :		
c/cc	qu/q	ch	k	x	cc	-ction

4 /g/ et /gz/

Même exercice. 🎧
programme – Hugo – gants – exercices – bagages – gousses – jaguar – guitare – zigzaguer – zigzag – tongs – exact – Xavier – agrandir – langue – guichet – guerre – aigu – Guy – exotique

On entend /g/ et on écrit :			On entend /gz/ et on écrit :
gu + e, i, y	g + a, o, u ou consonnes	gg	x

5 Dictée

PARLER

1. Où aimeriez-vous passer vos vacances ?

Parlez : – du temps ; – des paysages ; – des activités possibles ; – de la gastronomie.

LIRE

2. Marie et Jérôme passent une semaine dans un club de vacances. Marie écrit une lettre à son amie Lucie. Lisez la lettre de Marie et remplissez son agenda de la semaine.

Vendredi 15 août

Ma chère Lucie

J'adore la Bretagne ! La région est très belle. Il y a la mer et la campagne. Ici, c'est très bien pour se reposer. Je suis arrivée dimanche dernier ; je me suis installée dans ma chambre. De mon lit, je vois la mer !

Je me suis inscrite tous les matins au cours de gymnastique de 8 h 30 à 9 h 15. Je suis en pleine forme !

Cet après-midi, je suis allée faire une balade à la plage.

Lundi matin, après la gym, nous avons fait une excursion toute la journée. Nous avons pris le bateau et nous sommes partis sur l'île d'Ouessant. Sur cette île, il n'y a pas de voitures.

Mardi matin, il pleuvait et je me suis reposée dans ma chambre. L'après-midi, il y a eu une éclaircie et je suis allée visiter le musée de la Marine.

Avant-hier, j'ai acheté des souvenirs dans le centre ville et l'après-midi, je suis allée au port. Hier, nous avons fait une deuxième excursion au Mont-Saint-Michel. C'était assez loin, je n'ai pas pu aller au cours de gym. Nous sommes partis le matin à 7 heures et nous sommes revenus à 20 heures. Demain soir, il y aura une soirée avec un buffet et de la musique pour fêter notre départ. L'après-midi, il faudra faire les valises. Je rentre donc dimanche prochain.

Jérôme vous passe le bonjour.

Je t'embrasse
Marie

	lundi	mardi	mercredi	jeudi	vendredi	samedi	dimanche
matin							
après-midi							
soir							

ÉCRIRE

3. Vous partez en voyage organisé. Vous faites un circuit. Nous sommes le jeudi 15 août.

Vous écrivez une lettre à un(e) ami(e) pour lui raconter votre voyage.

LE CALVADOS

Avec plus de 800 monuments classés et protégés, le Calvados est, après Paris, le département qui dispose du patrimoine le plus riche de France. Venez visiter ses richesses !

L'agence **Bienvenue en Normandie** propose un circuit de 7 jours.

> **Départ lundi 11 août à 6 h 00**
> **Retour dimanche 18 août à 23 h 00**

1er jour : Arrivée – Visite de la ville d'Honfleur

2e jour : Château de Saint-Germain-de-Livet

3e jour : Cathédrale de Bayeux

4e jour : Abbaye-aux-Hommes à Caen

5e jour : Parc floral de la Colline-aux-oiseaux à Caen

6e jour : Musée des Arts et Traditions : musée de la Meunerie à Molay

7e jour : Musée du terroir à Bayeux – Départ

ÉCOUTER

4. Écoutez cette conversation. Quelles vacances préfèrent-ils et pourquoi ?

1. Lucie : ....

2. Jérôme : ....

3. Vincent : ....

4. Émilie : ....

Vie *pratique*

Les vacances à la dernière minute

- Aujourd'hui, plus besoin d'être prévoyant et organisé pour partir en vacances.

- Depuis des années, de nombreux sites Internet d'agences de voyages dégriffés se sont développés et on peut se décider deux jours avant de partir. Les plus connus sont : lastminute, travelprice, promo-vacances, opodo…

- Vols, séjours à l'étranger, locations, séjours à thème, thalassothérapies, hôtels, voitures, circuits… : il est possible de tout réserver au dernier moment et, en plus, vous faites des économies. En effet, plus on réserve tard et moins le prix est élevé. Mais il faut accepter d'être souple sur les dates de départ et les destinations. C'est l'occasion de découvrir un pays qu'on ne pensait pas forcément visiter. Alors, partez à l'aventure sur un coup de tête, c'est la nouvelle façon de voyager !

Falaises d'Étretat, Normandie

Village médiéval de Beynac, Périgord

1. Vrai ou Faux ?

	V	F
a. Il est possible d'organiser ses vacances seulement deux jours avant la date de départ.	☐	☐
b. On ne peut réserver à la dernière minute que les transports.	☐	☐
c. Le prix des voyages est soldé quand vous vous décidez au dernier moment.	☐	☐
d. On peut choisir toutes les destinations et toutes les caractéristiques du voyage.	☐	☐
e. Cette nouvelle façon de voyager est très peu pratiquée.	☐	☐

Château de Saint-Germain de Livet, Normandie

L'œil *du sociologue*

C'est les vacances, les souris dansent

La France est sans doute le pays où les gens ont le plus de congés payés. De deux semaines en 1936, on est passé à parfois huit semaines, avec le système des 35 heures de travail hebdomadaire. Les citadins (surtout les Parisiens) et les jeunes partent plus souvent que les autres. La plupart du temps, les vacanciers vont rendre visite à de la famille ou à des amis en province. Avant, de nombreux Français prenaient presque toutes leurs vacances en une seule fois en été et allaient souvent au même endroit chaque année. Depuis quelques années, les pratiques sont plus variées, on part plus souvent et moins longtemps. Les Français voyagent d'abord… en France et la destination privilégiée est le bord de la mer.

Ils veulent avant tout se reposer, oublier le stress et se ressourcer. Le tourisme de santé connaît d'ailleurs un essor important (cures et thalassothérapies…). Mais de plus en plus, les Français aiment « faire quelque chose » de leurs vacances (d'où le développement des séjours à thème et stages en tout genre). Le dernier slogan publicitaire d'un voyagiste en dit long sur l'importance que les Français accordent à leurs avances : « On peut tout rater, mais pas ses vacances ! »

2. Pensez-vous, comme beaucoup de gens, que les Français ont trop de vacances ? Aimeriez-vous qu'elles aient autant d'importance dans votre pays ?

Le journal à plusieurs voix

hugomaturin.Marseille@Yahu.fr

La première découverte en voyage, c'est la gastronomie !

lucielepavec.Paris@Fraa.fr

Parle pour toi, tu ne penses qu'à manger ! Et les paysages, qu'est-ce que tu en fais ? Il me semble qu'on ne t'a pas beaucoup vu dans le musée des Arts et Traditions populaires.

hugomaturin.Marseille@Yahu.fr

La culture, toujours la culture… Ce qui compte, c'est le contact humain, la communication…

lucielepavec.Paris@Fraa.fr

Justement, c'est un musée qui nous montre comment les gens vivaient ; comment ils cuisinaient, comment ils se meublaient, comment ils s'habillaient…

hugomaturin.Marseille@Yahu.fr

Tiens, c'est vrai, je t'imagine bien en paysanne, toi qui portes toujours des jeans !

À VOUS !

Entrez sur le forum et racontez une semaine de vacances. Parlez de la météo, des paysages, de la gastronomie, des musées...

Le scénario de Maxime Garin

SCÈNE 1

La poursuite a conduit les policiers, commandés par Yvan, près d'un tout petit village dans le Berry, appelé Deux-Chaises.

Les malfaiteurs sont installés dans une petite maison à l'orée d'un bois.

> **Faites une description détaillée de la maison et de la nature environnante.**

1

SCÈNE 2

L'équipe de police lance l'assaut de la maison, les malfaiteurs se rendent, Yvan cherche tout de suite Isabelle et l'enveloppe d'Hélène.

Cette enveloppe que tout le monde voulait contient les preuves que le père des deux filles a été emprisonné à tort dans une affaire de vol de bijoux et que le coupable est en fait un haut fonctionnaire de police. L'interlocuteur était également impliqué dans cette affaire.

> **Rédigez le dialogue final entre Yvan et Isabelle. Isabelle lui explique l'affaire et Yvan lui raconte les diverses étapes de l'enquête.**

En poème ou en chanson

La cathédrale
de Beauvais,
La dentelle
de Calais,
L'abbaye de
Vézelay,

La tapisserie
d'Aubusson,

La moutarde
de Dijon,
Et les calvaires
bretons,

Je veux tout regarder,
Je veux tout visiter,
Je veux tout
savourer !

Calais et sa dentelle,
Et le vin de
Moselle,
Et le Mont-Saint-
Michel,

Le marais poitevin,
Le bocage vendéen,
Et les forêts de pin,

Je veux tout regarder,
Je veux tout visiter,
Je veux tout
savourer !

Les réserves
d'oiseaux,
La Loire et ses
châteaux,

Le golfe de
Gascogne,
Les falaises d'Étretat,
La montagne en
Savoie,
Et la pointe du Raz,

Je voudrais y rester,
Je voudrais tout
garder…

BILAN 4

Vous connaissez...

1 Le futur simple

a. Conjuguez ces verbes au futur simple.

	parler	partir	prendre	aller	faire
je/j'			prendrai		
tu					
il/elle/on	parlera			ira	
nous		partirons			
vous					ferez
ils/elles				iront	

b. ❱ **En 1980 :**

Votre mère s'habillait comme ça !

❱ **Aujourd'hui :**

Vous vous habillez comme ça !

❱ **Et en 2026 :**

Comment vous habillerez-vous ?

....
....

2 Les verbes pronominaux au passé composé de l'indicatif

Mettez ces phrases au passé composé.
1. Je m'inscris à l'université à Paris et je m'achète une voiture.
2. À Paris, nous nous garons sur une place de parking.
3. Ils se couchent à 22 heures.
4. Vous vous donnez rendez-vous devant le cinéma ?
5. Tu as mal au dos :
tu t'allonges sur le dos et tu t'étires.

3 Les compléments de temps (avant-hier, hier, aujourd'hui...)

Commentez l'emploi du temps de Lucie.
Nous sommes le mercredi 13 décembre, il est 8 heures du matin ....

lundi 11	mardi 12	mercredi 13
9 h rendez-vous avec Vincent	11 h 15 visite musée des Arts et Traditions populaires	8 h cours de gym
15 h tél Marie		12 h déjeuner avec Hugo
20 h cinéma		

jeudi 14	vendredi 15
12 h équitation	10 h balade en forêt
16 h marché artisanal	14 h acheter souvenirs

4 Les compléments de lieu *y* et *en*

Complétez ces dialogues avec un complément de lieu.
1. — Vous aimez beaucoup le Sénégal ?
— Oui, nous ... allons pour les vacances.
2. — Vous étiez à Luchon ?
— Oui, j'... viens, je suis arrivé hier.
3. — Tu viens de sortir de la bibliothèque ?
— Oui j'... suis sorti, il y a 10 minutes.
4. — Vous avez aimé les Pyrénées ?
— Oui beaucoup, j'... retournerai.

5 Le passé composé et l'imparfait

Mettez les verbes au passé. Utilisez le passé composé et l'imparfait.

L'année dernière, je (*être*) à Luchon dans les Pyrénées. Il (*faire*) beau, le soleil (*briller*), nous (*être*) sur les pistes de ski quand un orage (*éclater*). Nous (*chercher*) un café, ils (*être*) tous fermés. Vincent (*venir*) nous chercher en voiture et nous (*rentrer*).

Vous savez...

1 Raconter et situer dans le temps

a. Vous faites ce voyage. Vous racontez, nous sommes mercredi.

5 jours à Paris

› départ **dimanche soir**

lundi

matin : visite tour Eiffel

après-midi : musée du Louvre

mardi

matin : promenade dans
le 18ᵉ arrondissement

visite Sacré-Cœur

après-midi : visite Montmartre

mercredi

matin : visite Champs-Élysées

après-midi : courses dans les magasins

soir : théâtre du Rond-point des Champs-Élysées

jeudi

matin : visite Panthéon

déjeuner : restaurant dans
le Quartier latin

après-midi : libre

vendredi

matin : musée des Arts et Traditions populaires

après-midi : départ

b. Parlez de vos activités.

2 Donner des indications météorologiques

Donnez le bulletin météo pour les deux journées suivantes.

Dimanche 15 août

Dimanche 25 décembre

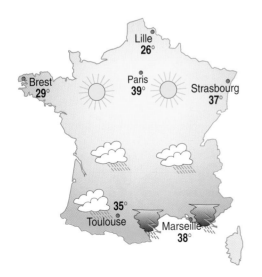

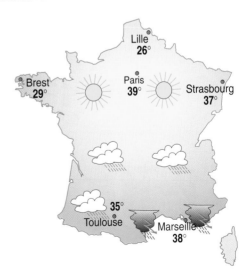

③ Accepter ou refuser une proposition

Vous acceptez puis vous refusez les propositions suivantes.

④ Indiquer un itinéraire en voiture

Vous êtes en voiture. Indiquez au conducteur l'itinéraire suivant (départ : Beauvais).

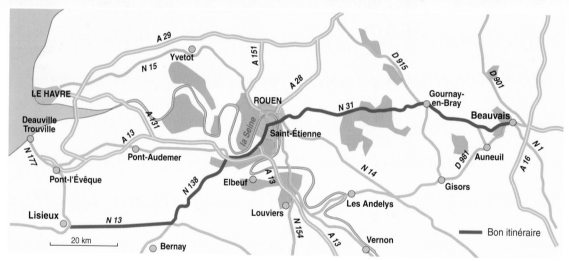

⑤ Faire des reproches

Imaginez les dialogues.